Geboren in der DDR

Anne Grunert

WIR vom Jahrgang 1987

Kindheit und Jugend

Wartberg Verlag

Impressum

Bildnachweis:
Karl Heinz Sondergeld, Jork: S. 9 r.; Heimatstube Gatersleben: S.9 l.; Rosenstolz, Foto Olaf Becker, Polydor GmbH Hamburg: S. 42 u.; Blümchen, Universal PR: S. 46 l.u.; Rammstein, Motor Music News: S. 50; Melodie & Rhythmus, Cover, Verlag 8. Mai GmbH Berlin: S. 61;
ullstein bild – Brill: S. 7 o.; ullstein bild – Reuters: S. 7 u.; ullstein bild – United Archives/KPA: S.11 o.; ullstein bild – dpa: S. 19 l.; ullstein bild – Döring: S. 19 r.; ullstein bild – Winkler: S. 24 u.; ullstein bild – C.T. Fotostudio: S. 25; ullstein bild – Imagebroker.net: S. 30 u.; ullstein bild – mirrorpix: S. 32 u.; ullstein bild – ddp Nachrichtenagentur: S. 43 o.; ullstein bild – Röhrbein: S. 45 u.l.; ullstein bild – ddp: S. 45 u.r.; ullstein bild – Seitz: S. 54;
Alle übrigen Bilder stammen aus den Privatarchiven der Autoren.

**Wir danken allen Lizenzträgern für die freundliche Abdruckgenehmigung.
In Fällen, in denen es nicht gelang, Rechtsinhaber an Abbildungen zu ermitteln, bleiben Honoraransprüche gewahrt.**

2. Auflage 2017

Gestaltung und Satz: r2 | Ravenstein, Verden
Druck: Druck- und Verlagshaus Thiele & Schwarz GmbH, Kassel
Buchbinderische Verarbeitung: Buchbinderei S. R. Büge, Celle

34281 Gudensberg-Gleichen • Im Wiesental 1
Telefon: 0 56 03/9 30 50 • www.wartberg-verlag.de
ISBN: 978-3-8313-1987-9

VORWORT

Liebe 87er!

„Was die Welt braucht, ist weniger Belehrung als Erinnerung", sagt ein altes Sprichwort. In diesem Buch soll die Erinnerung an die ersten achtzehn Jahre unseres Lebens im Mittelpunkt stehen.

In unserem Geburtsjahr 1987 war Deutschland noch in zwei ungleiche Hälften geteilt. Die DDR bereitete sich auf den 38. Jahrestag ihrer Gründung vor. Auf den ersten Blick schien die Welt im „real existierenden Sozialismus" in Ordnung. Unter der Oberfläche aber, da brodelte es bereits kräftig. Obwohl kein anderes Land des Ostblocks mit ähnlich hohem Lebensniveau aufwarten konnte, wuchs der Unmut in der Bevölkerung Tag für Tag. Soziale Sicherheit und Vollbeschäftigung konnten die fehlende Demokratie und Reisefreiheit nicht vergessen machen. So kam, was kommen musste: Am 3. Oktober 1990, vier Tage vor ihrem 41. Jahrestag, hörte die DDR auf zu existieren. Deutschland war endlich wiedervereint.

Die Wende brachte für fast alle Familien im Osten Deutschlands große Umstellungen mit sich. Es gab kaum einen Arbeitsplatz, der sich nicht früher oder später in Luft auflöste. Eine Neuorientierung war für unsere Eltern unumgänglich. Viele Fragen waren jetzt zu beantworten: Umschulung, Umzug in den Westen oder längere Arbeitslosigkeit in Kauf nehmen und auf bessere Zeiten hoffen? Welche Entscheidung war langfristig die bessere? Unsere Kindheit und Jugend fielen in eine Ära grundlegender politischer, sozialer, kultureller und persönlicher Veränderungen. Es war auch eine Zeit voller spannender und aufregender Abenteuer. Die neue Reisefreiheit ermöglichte uns den Blick in andere Kulturen. Computer und Handys zogen in die Kinderzimmer ein, eröffneten uns den Weg in bis dahin nie erlebte Spielwelten.

„Die Menschen gehen viel zu nachlässig mit ihren Erinnerungen um", klagte einst der große Dichter Novalis. Nehmen wir uns die Zeit und blicken zurück auf unsere Kinder- und Jugendjahre, die geprägt waren durch Mauerfall, Wendejahre und Auf- und Umbau in den neuen Ländern. Viel Spaß beim Erinnern!

Anne Grunert *Ulrich Grunert*

1987–1989

Babyspeck und Kinderkrippe

Das 1. bis 3. Lebensjahr

Das waren noch Zeiten!

Was für eine Aufregung! Wir waren alle Wunschkinder. Trotzdem hatten unsere Eltern vor unserer Geburt alle Hände voll zu tun, um für uns eine gute Landung auf Erden vorzubereiten. Babybett, Kinderwagen und unsere erste Kleidungsausstattung mussten besorgt werden. Das war nicht einfach. Der DDR-Alltag unterschied sich stark von dem im größeren und reicheren Westdeutschland. Das staatliche Warenangebot im Osten litt in den 80er Jahren immer öfter an Versorgungsengpässen. Qualität und Schick der angebotenen Babyausstattung in HO und Konsum waren nicht unbedingt auf Weltniveau. Doch viel schlimmer war, dass die Nachfragen unserer Eltern oft mit folgendem Satz beantwortet wurden: „Das haben wir

Herzlich willkommen!

Chronik

28. Januar 1987
Das SED-Zentralorgan Neues Deutschland veröffentlicht eine Rede Gorbatschows ohne die von ihm geäußerte scharfe Kritik an seinen Amtsvorgängern.

8. Juni 1987
Es kommt zu Zusammenstößen zwischen Jugendlichen und der DDR-Volkspolizei am Brandenburger Tor während eines Rock-Konzertes.

7. September 1987
Erich Honecker stattet einen offiziellen Arbeitsbesuch in der Bundesrepublik Deutschland ab.

14. März 1988
Während der Leipziger Frühjahrsmesse kommt es unter den Augen westlicher Journalisten nach einem Friedensgebet in der Nikolaikirche zu einer Demonstration in der Innenstadt.

15. August 1988
Die DDR und die Europäische Union nehmen diplomatische Beziehungen auf.

17. November 1988
Im Umfeld der Luxemburg-Liebknecht-Demonstration der SED in Berlin gibt es 100 Verhaftungen. Ausreisewillige und Bürgerrechtler zeigen Losungen wie „Freiheit ist immer die Freiheit der Andersdenkenden (Rosa Luxemburg)". Es ist der Beginn einer Verhaftungs- und Ausbürgerungswelle.

18. November 1988
Die deutschsprachige Ausgabe der sowjetischen Monatszeitschrift „Sputnik" wird in der DDR verboten.

14. April 1989
Der Abzug der sowjetischen Truppen aus Afghanistan beginnt.

1. Juli 1989
In Westberlin findet die erste Love-Parade mit rund 150 Teilnehmern statt.

9. November 1989
Die Grenze zu Westberlin wird geöffnet. Tausende DDR-Bürger strömen in den Westen Deutschlands. Das Ende der deutschen Teilung ist eingeleitet.

Erste Ausfahrt im Kinderwagen.

zur Zeit nicht im Angebot!" Da war es gut, dass unsere Mütter noch stricken und häkeln gelernt hatten. Auch Oma hatte gut vorgesorgt: In ihrem Wäscheschrank fand sich noch ein Satz frischer Babywindeln aus blütenweißer Baumwolle.

Willkommen zu Hause!

Hausgeburten gab es in der DDR ebenso wenig wie freie Hebammen. Entbunden wurde in der Regel im Krankenhaus. Lange mussten wir allerdings nicht in der Kinderklinik bleiben. Kaum war Mutti wieder auf den Beinen, ging es ab nach Hause. Wohnraum für junge Familien war knapp, deshalb wohnten einige von uns noch bei den Großeltern. Im besten Fall hatten unsere Eltern schon eine

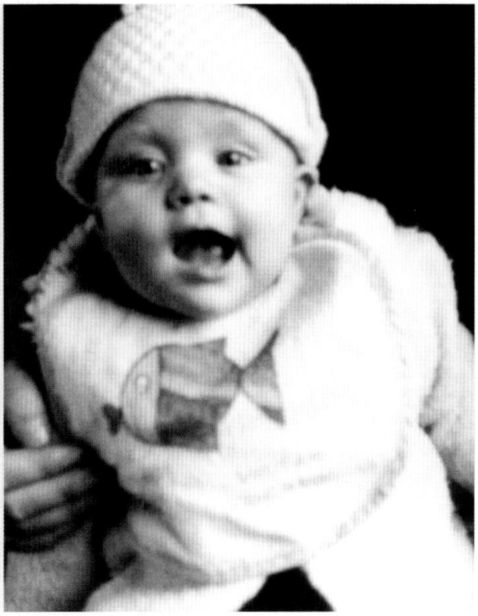

Stimmtraining mit Mütze und Lätzchen.

Wohnung im neu errichteten Plattenbau ergattert. Da gab es Fernwärme, Innenklo, Bad und Balkon zu traumhaften Mietpreisen von 80 Pfennig bis 1,25 Mark pro Quadratmeter inklusive aller Nebenkosten. Egal wo – zuhause wurden wir, der lang ersehnte „Nachwuchs", gefeiert wie die großen Helden. Die ganze Familie strömte zusammen und ließ uns kräftig hochleben. Aber auch Vater Staat zeigte sich großzügig: 1000 DDR-Mark gab es als Startbeihilfe und zusätzlich lockte ein zinsgünstiger Ehekredit für die stolzen Elternpaare, die nicht älter als 30 Jahre waren. Unsere Eltern konnten es kaum abwarten, schossen mit der Pouva Start oder der Practica die ersten Schappschüsse für das Familienalbum. Ob beim Frühstück, nach dem Baden, beim Ausflug im Kinderwagen oder bei der Märchenstunde vor dem Zubettgehen – der Fotoapparat war von nun an immer dabei. Da lagen wir in unseren Gitterbettchen – fest gewickelt, mit zerknautschtem Gesicht, aber durchaus satt und zufrieden.

In Mamas Bett ist es am schönsten.

Prominente 87er

Amy Macdonald

Fabian Hambüchen

5. Jan. **Kristin Elizabeth Cavallari,** US-amerikanische Schauspielerin und Model

9. Jan. **Paolo (Giovanni) Nutini,** schottischer Sänger und Liedermacher mit italienischen Wurzeln

25. Jan. **Hafsia Herzi,** französische Schauspielerin

17. März **Patrick Ebert,** deutscher Fußballspieler (Herta BSC, Nationalmannschaft)

9. April **Jesse Arthur McCartney ,** US-amerikanischer Schauspieler, Sänger und Songwriter

11. April **Joss Stone,** britische Soulsängerin und Schauspielerin

2. Mai **Nana Kitade,** japanische J-Rock-J-Pop-Solokünstlerin und Besitzerin eines eigenen Gothic-Lolita-Modelabels mit Namen Moon King

6. Juli **Kate (Marie) Nash,** englische Singer/Songwriterin

6. Juli **Sophie Auster,** US-amerikanische Sängerin und Schauspielerin, Tochter des Schriftstellers und Regisseurs Paul Auster und der Schriftstellerin Siri Hustvedt

2. Juli **Esteban Granero Molina,** spanischer Fußballspieler (Real Madrid, Nationalmannschaft)

25. Aug. **Amy Macdonald,** britische Singer/Songwriterin

11. Sept. **Stephan Fürstner,** deutscher Fußballspieler (FC Bayern München, Nationalmannschaft)

22. Sept. **Thomas Andrew Felton,** britischer Schauspieler (Nebenrolle im Film „Harry Potter")

28. Sept. **Hilary Duff,** US-amerikanische Schauspielerin und Sängerin

18. Okt. **Zachary „Zac" David Alexander Efron,** US-amerikanischer Schauspieler und Sänger (High School Musical)

25. Okt. **Fabian Hambüchen,** einer der erfolgreichsten deutschen Kunstturner, mehrfacher deutscher Meister, Weltmeister am Reck 2007, jüngster deutscher Goldmedaillengewinner bei einer Weltmeisterschaft in dieser Disziplin

18. Okt. **Freja Beha Erichsen,** dänisches Model

3. Nov. **Gemma Ward,** australisches Model

7. Dez. **Aaron Carter,** US-amerikanischer Popsänger

28. Dez. **Thomas Alexander Dekker,** US-amerikanischer Filmschauspieler

Wir Windelkinder

An den arbeitsfreien Wochenenden nutzten unsere Väter die Gelegenheit, sich im Windeln auszuprobieren. Das war nicht immer so einfach, wie es aussah. Aber schließlich herrschte ja Gleichberechtigung und unsere gestressten Mütter sollten sich endlich einmal ausruhen können.

Überhaupt die Windeln! Am Tag verbrauchten wir im Durchschnitt fünf Stück. Wegwerfwindeln aus Papier waren im DDR-Handel noch unbekannt. So mussten die aus dünner Baumwolle bestehenden Tücher fast täglich gewaschen werden. Erst wurde die Vorwäsche mit der Hand erledigt und danach ging es ab in die Waschmaschine! Nach einiger Zeit sahen die ursprünglich weißen Windeln aus wie grützegraue alte Lappen. Daran konnte auch das gute, kräftige Spee-Waschmittel nichts ändern. Unsere zarten Pobacken litten bald unter der rauen Verpackung und mussten kräftig mit Babycreme eingeschmiert werden. Trotzdem wurde jede alte Windel gehegt und gepflegt, bis sie sich in ihre Faserbestandteile auflöste. Denn im DDR-Handel waren die Dinger selten zu erwischen.

Opa ist ein guter Babysitter.

Frisch gewindelt und strahlend guter Laune.

Als Mutti früh zur Arbeit ging

In der DDR herrschte Vollbeschäftigung, deshalb gingen die meisten unserer Mütter recht bald wieder ihrer Arbeit nach. Da Teilzeitarbeitsplätze in der DDR kaum angeboten wurden, waren fast alle Frauen vollzeitbeschäftigt. Wir Knirpse kamen in die Kinderkrippe. Das war für viele von uns keine einfache

Was reden die nur so lange?

DDR-typisch: Unbeaufsichtigter Kinderwagenparkplatz.

Umstellung. Die Sensibelsten fingen bereits auf dem Weg zur Krippe an zu schreien, spätestens dort stimmte auch der Rest in das Weinkonzert ein. Der Trennungsschmerz war auch für unsere Mütter schwer zu ertragen, sie hätten sich gern länger mit uns beschäftigt. Die Kinderkrippe war eine Ganztagseinrichtung, in der wir uns im Alter bis zu drei Jahren vom frühen Morgen bis zum Abend aufhalten konnten. In den achtziger Jahren besuchten acht von zehn Kindern eine Kinderkrippe, fast alle waren in staatlicher Hand. Jeder Platz wurde vom Staat mit mehr als 4000 Mark pro Jahr finanziert, unsere Eltern zahlten lediglich einen täglichen Verpflegungszuschuss. Mit der Zeit hatten wir uns an das Krippenleben gewöhnt, schöpften neuen Lebensmut. Wir lernten im großen Krippenwagen, in dem wir durch die Gegend geschoben wurden, unsere ersten Freundinnen und Freunde kennen. Gemeinsam schliefen wir in jeder Mittagspause noch ohne zu murren ein. Aber am schönsten war der tägliche Moment, wenn Mutter oder Vater in der Tür standen und wir endlich wieder nach Hause durften!

Starke Frauen, schwache Frauen

Die sogenannte „Frauenoffensive" forcierte in der DDR die Einbeziehung von Frauen in den Arbeitsmarkt. Die Entscheidung für ein Hausfrauendasein wurde ab Ende der 50er Jahre öffentlich angeprangert. Der Ausbau von Kinderbetreuungseinrichtungen und familienergänzenden Dienstleistungen wie Wäschereien, Schneidereien und Reinigungsdienste hielt jedoch nicht Schritt, so dass sich unsere berufstätigen Mütter häufig einer massiven Doppelbelastung ausgesetzt sahen.

Werktätige Frauen als Titelporträts der Zeitschriften NBI und Fotografie.

„Die Förderung der Frau, besonders in der beruflichen Qualifizierung, ist eine gesellschaftliche und staatliche Aufgabe" – so war es in der DDR-Verfassung festgeschrieben. Die Erwerbstätigkeit der Frauen war jedoch schlicht eine wirtschaftliche Notwendigkeit. Auch wenn Frauen in höheren Positionen und in der Politik kaum eine Rolle spielten, in den Betrieben und im gesellschaftlichen Leben waren sie allgegenwärtig. In der Folge nahmen Frauen im Osten Deutschlands eine wichtige soziale Stellung ein. Sie waren sehr selbstständig – in vielerlei Hinsicht. Die werktätige Frau war in der DDR allgegenwärtig. So hatten alle unsere Mütter eine abgeschlossene Berufsausbildung oder ein Studium. Doch die hohe Einbindung der Frauen in das Berufsleben hatte ihren Preis. Die Zahl der Ehescheidungen nahm kontinuierlich zu, hatte sich gegenüber 1970 fast verdoppelt. Der Staat versuchte die offensichtlichen Probleme bei der Vereinbarkeit von Beruf und Familie durch Sonderregelungen für Mütter zu beheben. So wurde ab 1. Mai 1986 ein bezahltes volles Babyjahr vom ersten Kind an eingeführt. Ab 1. Mai 1987 wurde zusätzlich das Kindergeld beträchtlich erhöht und auch die Freistellungsbedingungen zur Pflege erkrankter Kinder wurden erheblich verbessert. Trotzdem war die Geburtenrate weiterhin leicht rückläufig.

Ein Film wird verboten

Die hohe Erwerbsquote und das beachtliche Qualifikationsniveau gaben den Frauen ein hohes Maß an Selbstbewusstsein. Starke Frauen waren im DDR-Alltag überall anzutreffen, im Kino waren sie dagegen seltener zu sehen. Die Titelheldin des sowjetischen Spielfilms „Die Kommissarin" war eine starke Frau. Als dank Glasnost und Perestroika der lange von

Gefeiert: Der neue Otto-Film.

der Zensur gesperrte Film endlich in die internationalen Kinos kam, wurde er in der DDR nach wenigen öffentlichen Aufführungen erneut durch die SED-Politbürokratie verboten. Die greisen DDR-Funktionäre wollten die Zeichen der Zeit nicht erkennen. Sie steckten lieber den Kopf in den Sand. So fiel auch die kritische sowjetische Zeitschrift SPUTNIK der Zensur zum Opfer. Ein Kinofilm aus dem Westen sorgte dagegen für ungeteilten Beifall in Ost und West. „OTTO – Der Neue Film" brach auch in ostdeutschen Kinos alle Besucherrekorde.

Wir entdecken die Welt

Nachdem wir endlich laufen gelernt hatten, freuten wir uns auf die Spaziergänge mit Eltern und Großeltern. Sie hatten bei unseren ersten Gehversuchen noch ständig ein Auge auf uns gerichtet. Zu Anfang ging es sich noch etwas wackelig, wir mussten des Öfteren unsere Arme zu Hilfe nehmen, um nicht das Gleichgewicht zu verlieren. Aber

Endlich auf eigenen Füßen stehen!

Bei Oma und Opa gibt's die tollsten Wege.

Mal schauen, ob der Turm heute hält.

Übung machte schließlich den Meister. Wie aufregend es war, auf eigenen Beinen die Welt zu erkunden! Jede Wiese und jeder klitzekleine Dorfbach kamen uns vor wie die große weite Welt. Jede bunte Blume und jeder Grashalm weckte unser Interesse. Auch sonst machten wir gute Fortschritte. Besonders das Spiel mit den bunten Holzbauklötzen faszinierte uns. Wir entwickelten uns schnell zu begabten Turmbaumeistern.

Mütterberatung und Telefonabenteuer

Waren unsere Mütter mal am Ende mit ihrem Babylatein, besuchten sie mit uns im Schlepptau eine der zahlreichen „Mütterberatungszentren", die flächendeckend überall in der DDR zu finden waren. Dort erklärten in Weiß gekittelte Schwestern und Ärztinnen unseren Müttern nicht nur die Wichtigkeit einer abwechslungsreichen Babykost, sondern es wurde auch darauf geachtet, dass kein wichtiger Impftermin vergessen wurde. So bekamen wir dort unsere erste Impfung gegen Diphterie, Keuchhusten und Wundstarrkrampf verpasst. Das ohrenbetäubende Geschrei unserer vielen Leidensgenossen klang noch Tage nach der Impfung in den Gehörgängen nach. Zur Belohnung für all den ertragenen Stress durften wir vor dem Schlafengehen nun unsere erste Fernsehsendung anschauen. „Sandmann, lieber Sandmann, es ist noch nicht so weit, wir sehen erst den Abendgruß, ehe jedes Kind ins Bettchen muss, du hast gewiss noch Zeit ...", dieses Lied hatte tatsächlich eine fast therapeutische Wirkung auf uns. Von nun an verpassten wir selten eine Folge des geliebten TV-Abendgrußes. An den Wochenenden ging es bei gutem Wetter oft raus in den Garten. Dort spielten wir mit dem

Mit Papa zu Hause beim Sandmann-Gucken.

Ball, halfen der Oma beim Beerenpflücken oder genossen einfach die warmen Sonnenstrahlen, die Haut und Herz gleichermaßen erwärmten. Besonders aufregend war es, wenn wir bei unseren Ausflügen

Bootfahren in der Zinkbadewanne.

Opas Telefon ist ein tolles Spielzeug.

Beliebte Reiseziele unserer Eltern: Budapest und der Plattensee.

ein Telefon in Reichweite fanden. Telefonanschlüsse waren Mangelware, die Apparate waren selten zu finden, so legten wir den piependen Telefonhörer so schnell nicht freiwillig aus der Hand.

Das Glück liegt in der Ferne

Ein Anlass, mit dem Trabbi oder dem Wartburg in eine der beliebten DDR-Urlaubsregionen zu knattern, fand sich jeden Sommer aufs Neue. Nicht immer konnten sich unsere Eltern den Urlaubsort aussuchen. Etwas Glück gehörte dazu, denn bei der Verteilung der begehrten Urlaubsplätze ging nichts ohne die Zustimmung der Ferienkommission der BGL. Neben den immer pünktlich bezahlten FDGB-Beiträgen konnten deshalb auch die berühmten persönlichen „Beziehungen" eine wichtige Rolle spielen. Bei den meisten Familien stand die Ostsee ganz oben auf der Wunschliste. Aber auch Harz, Thüringer Wald und Erzgebirge waren beliebte Urlaubsziele.

Ich geh gern überall mit hin.

Noch begehrter waren Ferienschecks in das „befreundete sozialistische Ausland". Fidel Castros berühmte Zuckerrohrinsel Kuba stand hier ganz oben auf der Beliebtheitsskala. Der Preis war für die meisten DDR-Bürger allerdings unerschwinglich. Ungarn-Reisen waren da schon günstiger und erfreuten sich einer ständig wachsenden Beliebtheit. Das lag zum einen daran, dass die ungarischen Gastgeber Liebenswürdigkeit und Geschäftstüchtigkeit perfekt miteinander verbanden. Vor allem das bunte Warenangebot am Plattensee und in Budapest war für DDR-Verhältnisse ungewöhnlich reich und vielversprechend. Ob Stone-washed-Jeans für unsere Eltern oder piekfeine Kinderbekleidung für uns – in ungarischen Privatboutiquen war vieles zu holen. Ein entsprechender Vorrat an Forint war allerdings die Voraussetzung. Leider gab es die in der DDR nur in begrenztem Maße auf Zuteilung. Bei ungarischen Händlern konnten unsere Eltern auch die heißbegehrten Westzeitschriften wie Spiegel, Stern und Bunte kaufen. Die waren in der DDR seit Jahrzehnten verboten und deshalb besonders gefragt.

Von A bis Z – bekannte DDR-Abkürzungen

- ABV → Abschnittsbevollmächtigter der deutschen Volkspolizei
- ASK → Armeesportklub
- BAM → Baikal-Amur-Magistrale
- BHG → Bäuerliche Handelsgenossenschaft
- BGL → Betriebsgewerkschaftsleitung
- DSF → Deutsch-sowjetische Freundschaft
- DTSB → Deutscher Turn- und Sportbund
- EVP → Einzelhandelsverkaufspreis
- FDGB → Freier Deutscher Gewerkschaftsbund
- FDJ → Frei Deutsche Jugend
- GST → Gesellschaft für Sport und Technik
- HGL → Hausgemeinschaftsleitung
- HO → Handelsorganisation
- LPG → Landwirtschaftliche Produktionsgenossenschaft
- ML → Marxismus-Leninismus
- MMM → Messe der Meister von Morgen
- NSW → Nichtsozialistisches Wirtschaftsgebiet
- NVA → Nationale Volksarmee
- PGH → Produktionsgenossenschaft des Handwerks
- RGW → Rat für Gegenseitige Wirtschaftshilfe
- SED → Sozialistische Einheitspartei Deutschlands
- VEB → Volkseigener Betrieb
- VEG → Volkseigenes Gut
- VP → Volkspolizei
- ZK → Zentralkomitee

Starke Stimme: Gaby Rückert auf dem Cover des DDR-Musikmagazins Melodie & Rhythmus.

DDR-Superstar Frank Schöbel auf dem Titel des Pop-Musikmagazins 1987.

Seine Fönwelle saß immer perfekt: Ralf Bummi Bursy.

Stars des Jahres 1987: Grand-Prix-Gewinner Johnny Logan neben Whitney Houston und Madonna auf der BRAVO.

Die Hits des Jahres 1987

Kaum zu glauben, aber wahr! Die kleine DDR hatte eine eigene, überaus florierende Popszene. Auch wenn heute viele der DDR-Stars der 80er Jahre längst vergessen sind, lohnt es sich zurückzublicken. Schrille Outfits und Frisuren, die der Erdanziehungskraft entfliehen wollten, hatten auch im Osten Hochkonjunktur. Der Popsänger Ralf Bummi Bursy trug zwischen 1986 bis 1989 eine der schrillsten Frisuren dieser Art. In unserem Geburtsjahr brachte er drei Hits in die DDR-Top-10. Sein Album „Wind im Gesicht" verkaufte mehr als 100 000 Stück und machte ihn zum DDR-Superstar der späten 80er Jahre. Ähnlich erfolgreich war Rockhaus, eine Ostberliner Band, die frischen Wind in die Szene brachte. Riesenerfolg hatte auch die Sängerin Gaby Rückert, die mit ihrem Album „Berührung" über 250 000 Platten verkaufte. Der mit Abstand erfolgreichste Popstar der DDR war Frank Schöbel. Sein Album „Weihnachten in Familie" gilt mit 1,4 Millionen Exemplaren als der meistverkaufte DDR-Tonträger aller Zeiten. Doch besonders liebte das DDR-Publikum die internationalen Stars. Einer der großen Überflieger des Jahres 1987 war der Ire Johnny Logan, der mit seinem selbstgeschriebenen Schmusesong „Hold Me Now" in Brüssel den Grand Prix gewann. Auch Elton John hatte mit „Nikita" einen Welthit. In den westdeutschen Charts war die Münchner Freiheit sehr erfolgreich, deren Hit „Ohne dich schlaf ich heut' Nacht nicht ein" an beste Soft-Rock-Traditionen anknüpfte. Auch Rick Astleys Hit „Whenever You Need Somebody", Blacks „Wonderful Life" und Jürgen von der Lippes „Guten Morgen liebe Sorgen" gehörten zu den meistgespielten Schlagern des Jahres. Den größten Erfolg in den internationalen Hitparaden hatten starke Frauen wie Madonna mit „Who's That Girl", Samantha Fox mit „Nothing's Gonna Stop Me Now" und die unvergleichliche Whitney Houston, deren „I Wanna Dance With Somebody" zum Disco-Hit des Jahres avancierte.

Diplomaten im Trainingsanzug

„Jeder Mann an jedem Ort – in der Woche mehrmals Sport!" – diese DDR-Losung, die einst von Walter Ulbricht geprägt wurde, hatte auch in den 80er Jahren in der DDR ihre Bedeutung. Das ganze Land war sportbegeistert. Das merkten wir nicht nur bei unseren regelmäßigen sportlichen Betätigungen in der Kinderkrippe. Auch unsere Eltern verfolgten aktiv oder passiv das Sportgeschehen. Von Anfang an maß die DDR-Führung dem Sport einen hohen Stellenwert zu. Zielstellung des sozialistischen Sports waren „Freude, Frohsinn, Entspannung, allseitige Entwicklung des Menschen, Gesundheit, Stärkung des Ansehens unserer Republik, bereit zur Arbeit und zur Verteidigung der Heimat ...". Zum „allseitig gebildeten sozialistischen Menschen" gehörte unverzichtbar auch die sportliche Betätigung. Leistungssport war noch aus einem anderen Grund attraktiv: Sportler traten an vielen Orten der Welt auf, die dem DDR-Bürger als Touristen verschlossen blieben. Der Spitzensport stand eindeutig im Zentrum des Parteiinteresses, Randsportarten wurden nicht oder nur wenig gefördert. Trotzdem setzten sich junge Sportarten wie Judo, Karate oder Triathlon trotz widriger Bedingungen durch.

Aerobic hieß Pop-Gymnastik

Auch Trendsportarten des Westens machten nicht am Eisernen Vorhang Halt. Aus Aerobic wurde Pop-Gymnastik, für Jogging stand der Slogan „Lauf dich gesund". Die Sieger des DDR-Leistungssports wurden nicht nur mit Medaillen und Titeln geehrt, sondern genossen auch mancherlei Privilegien im Alltag. Dafür mussten die Sportler nicht nur hart und wissenschaftlich fundiert trainieren, sondern auch manche bitteren Pillen schlucken, die alles andere als harmlose Aufbaupräparate waren. Die „Diplomaten im Trainingsanzug" wurden vom Staatssicherheitsdienst intensiv beäugt. Bei politischem Fehlverhalten fanden Spitzensportler keine Gnade. Die Systemkonkurrenz mit dem Kapitalismus sollte wenigstens im Sport gewonnen werden.

Das Logo der Friedensfahrt „Berlin – Prag – Warschau" 1987.

DDR-Sportler des Jahres 1987

Kaum ein internationales Sportereignis wurde in der DDR mit so viel Begeisterung wahrgenommen wie die Internationale Friedensfahrt. Der „Course de la Paix" war das bedeutendste Amateur-Radrennen Mitteleuropas und galt als die „Tour de France des Ostens". Die Dreiländer-Rundfahrt durch Polen, die ČSSR und die DDR war Jahr für Jahr ein mediales Großereignis. Die größten internationalen Erfolge errangen im Jahr 1987 die Leichtathleten: Bei der Leichtathletik-Weltmeisterschaft holte Silke Gladisch zwei Titel, im 100-Meter-Lauf und im 200-Meter-Lauf sowie den zweiten Platz mit der 4x100-Meter-Staffel. Dafür wurde sie zur DDR-Sportlerin des Jahres 1987 gewählt. Bei den Männern wurde der Leichtathlet Torsten Voss zum DDR-Sportler des Jahres gewählt. Er hatte 1987 in Rom den Weltmeistertitel im Zehnkampf errungen. 1988 gewann er bei den Olympischen Sommerspielen in Seoul die Silbermedaille. Aber alle sportlichen Erfolge konnten nicht darüber hinwegtäuschen, dass im DDR-Alltag die Stimmung immer mehr den Bach runterging. Immer mehr Bürger forderten öffentlich die fehlenden Grundrechte ein.

Chronik des Wendejahres 1989

Das bewegteste Jahr unserer Kindheit war zweifelsohne das Jahr 1989. Es gab Wahlen im Mai, deren Ergebnis offensichtlich gefälscht oder zumindest geschönt war. Tausende DDR-Bürger flüchteten in die BRD-Botschaften in Prag und Budapest oder im Sommer über die Grenze von Ungarn nach Österreich. Tausende trafen sich in den Kirchen der DDR, um über diese und andere unhaltbare Zustände in ihrer Heimat zu diskutieren. Zehntausende gingen ab Herbst 1989 auf die Straße. Diese friedlichen Demonstrationen bewirkten schließlich den Fall der Mauer am 9. November 1989.

Hier die wichtigsten Daten des Jahres, welches das Leben der meisten Deutschen grundlegend verändern sollte:

- 21. Januar: Ungarns Kommunisten verzichten auf durch die Verfassung garantierte Führungsrolle.
- 4. Februar: Illegale Gründung des Umweltnetzwerkes Grüne Liga in der DDR.
- 12. März: Demonstration von 600 ausreisewilligen DDR-Bürgern in Leipzig.
- 5. April: Wiederzulassung der Solidarnosc in Polen.
- 2. Mai: Beginn des Abbaus von Sperranlagen an der ungarischen Westgrenze.
- 7. Mai: Kirche und oppositionelle Gruppen werfen den DDR-Behörden Wahlfälschung bei den Kommunalwahlen vor.
- 4. Juni: Bei demokratischen Parlamentswahlen in Polen gewinnt das „Bürgerkomitee" und Tadeusz Mazowiecki (Solidarnosc) wird designierter erster nicht-kommunistischer Ministerpräsident.
- 8. Juni: Alle Abgeordneten der Volkskammer billigen öffentlich das Massaker auf dem Platz des Himmlischen Friedens in Peking.
- 1. August: Die BILD-Zeitung lässt von nun an die Anführungszeichen beim Druck der Abkürzung DDR weg.
- 8. August: Schließung der Ständigen Vertretung der BRD in Ostberlin wegen Überfüllung durch geflüchtete ausreisewillige DDR-Bürger.

Auch die Budapester und Prager Botschaften werden von DDR-Flüchtlingen überrannt.

- 11. September: Öffnung der ungarisch-österreichischen Grenze und Ausreise von 7000 DDR-Bürgern in den Westen. Die DDR-Führung klagt über „organisierten Menschenhandel".
- 12. September: Gründungsaufruf der Bürgerbewegung „Demokratie jetzt!"
- 21. September: Ablehnung des Antrags der Bürgergruppierung „Neues Forum" zur Zulassung als politische Vereinigung durch die DDR-Behörden wegen „Staatsfeindlichkeit".
- 25. September: Leipziger Montagsdemonstration mit 5000 Teilnehmern.
- 1. Oktober: Gründung der landesweiten Oppositionsbewegung Demokratischer Aufbruch.
- 7. Oktober: Gorbatschow nimmt an den Feierlichkeiten zum 40. Jahrestag der DDR in Berlin teil und sagt den berühmten Satz: „Wer zu spät kommt, den bestraft das Leben."
- 16. Oktober: Größte Demonstration in der DDR seit dem Volksaufstand am 17. Juni 1953 in Leipzig mit mehr als 120 000 Teilnehmern.
- 18. Oktober: Entbindung Honeckers von allen Ämtern „auf eigenen Wunsch", Nachfolger wird Egon Krenz.
- 23. Oktober: 300 000 Menschen demonstrieren in Leipzig und fordern freie Wahlen.
- 4. November: Demonstration von rund einer Million Menschen in Ostberlin für Presse- und Meinungsfreiheit und freie Wahlen.
- 9. November: Öffnung der Grenze zu Westberlin.
- 3. Dezember: Rücktritt des gesamten SED-Politbüros unter Egon Krenz.
- 19. Dezember: Verhandlungen zwischen Bundeskanzler Kohl und Ministerpräsident Modrow über eine deutsch-deutsche Vertragsgemeinschaft in Dresden.
- 22. Dezember: Offizielle Öffnung des Brandenburger Tors nach 28 Jahren Mauer.

Auch Kinder beteiligten sich an den Demonstrationen für die Durchsetzung von Reformen in der DDR.

Bereits im Jahr 1988 Mahnwache der Initiative „Freiheit für Andersdenkende" am Grenzübergang Checkpoint Charlie für inhaftierte Bürger der DDR.

Willkommen

HAMBURGER MORGENPOST

Kostenloses Werbe-Exemplar

Sonnabend, 18. Nov. 1989 · 50 Pf · C 1986 A

Heute mit Extra-Service für Gäste aus der DDR

Wo gibt es das Begrüßungsgeld? Wer hilft, wenn der Trabbi schlapp macht? Diese und viele andere Fragen beantwortet die MORGENPOST den Gästen aus der DDR auf den Seiten 18 und 19. Damit sie sich in Hamburg nicht verfahren: Auf den Seiten 16 und 21 die Karte der Innenstadt.

Modrow in Not

Die DDR ist praktisch pleite

Bittere Bilanz für DDR-Regierungschef Hans Modrow: Sein Staat ist praktisch pleite. Gestern mußte er vor der Volkskammer mitteilen, daß kein Haushaltsplan für 1990 aufgestellt werden kann, weil 15 Milliarden Mark fehlen und bisher niemand weiß, wie das Loch gestopft werden soll. In seiner Regierungserklärung kündigte Modrow zwar eine Reihe von Maßnahmen, durchaus auch marktwirtschaftlicher Art, zur Belebung des zerrütteten wirtschaftlichen Gefüges an. Experten bezweifeln jedoch, ob sie noch greifen werden, und befürchten gar „soziale und politische Verwerfungen“.

Heute bei „Nase vorn“: Gottschalk live aus Ost-Berlin

Bundesliga aktuell

St. Pauli feiert das 1:0

Nürnberg – Kaiserslautern 0:0

Sport ab Seite 23

OFFIS GMBH Zeitarbeit

Wir suchen Fachkräfte aus Industrie und Handwerk

Glockengießerwall 17, 2000 Hamburg 1, Tel. (0 40) 32 47 68/69

Unser Mann aus Dresden

Das ist eine deutsch-deutsche Premiere: Werner Frisch, Redakteur der „Sächsischen Zeitung“ aus der Partnerstadt Dresden, arbeitete gestern in der MORGENPOST, schrieb für uns und für seine Zeitung über seinen Ausflug nach Hamburg. Seite 28

Deutsch-deutsche Berichte auf den Seiten 2 bis 5 und 16 bis 20

Abgesang auf die alten Verhältnisse in der Hamburger Morgenpost: Die DDR ist praktisch pleite.

Die Mauer ist offen!

Als die seit dem 13. August 1961 geschlossene Mauer um die DDR endlich offenstand, hatten unsere Eltern vor der ersten Fahrt in den Westen eine Reihe von neuen Fragen zu beantworten. Wo gibt es das Begrüßungsgeld? Und wie und wofür legen wir die kostbare Westmark an? Wer hilft, wenn der Trabbi im Westen schlappmachen sollte? Natürlich leistete der ADAC kostenlose Pannenhilfe. Auch die KFZ-Ersatzteilfrage war bald geklärt: Westdeutsche Wohnwagenreifen der Größe 5.20 x 13 passten dem Trabbi wie angegossen. Die F&S-Druckplatte K160 des HAKO-Rasenmähers konnte als Trabbi-Kupplung eingebaut werden. Nur bei den Zündkerzen gab es Probleme. Die Befestigung musste mit einem Lochband hineingefummelt werden!

Mit Oma und Opa auf der ersten Westreise in Hamburg St. Pauli.

Ein Tänzchen zu Udo Lindenberg:
Bunte Republik Deutschland.

In Hamburg wurden Besucher aus der DDR in den ersten Wochen nach dem Mauerfall echt verwöhnt: Das Musical CATS gab 50% Preisnachlass für DDR-Besucher, im Hamburger Fernsehturm war der Eintritt für Ossis sogar kostenlos. Auch viele Kinos, Oper und Theater boten kostenlose oder verbilligte Vorstellungen an. Viele Bürger engagierten sich, so kam es überall in Deutschland zu bewegenden deutsch-deutschen Begegnungen. Das Trabbi-Knattern von Hamburg bis München war in der ganzen Welt zu hören. Über drei Millionen DDR-Bürger besuchten allein am Wochenende um den 11. und 12. November bundesdeutsche Städte und Gemeinden. Doch eine Frage war offen: Was wird aus der DDR? Wir waren klein und konnten die großen Veränderungen noch nicht einordnen. Viele unserer Eltern und Großeltern ahnten jedoch bereits, als sie im Trabbi oder Wartburg die Grenze in Richtung Westen überquerten, dass die Zeit der DDR nun abgelaufen war. Und aus dem Autoradio erklang bereits ein prophetisches Lied von Udo Lindenberg: Bunte Republik Deutschland.

Von wegen Bananen!
Ich esse am liebsten Äpfel.

1990-1992 Alles ändert sich

Das 4. bis 6. Lebensjahr

Neue Freiheit, neues Frühstück

Auf unserem Frühstückstisch hatte sich schnell so einiges verändert. Neben Cornflakes und Nutella bevorzugten wir jetzt mit wachsender Begeisterung die buntgelackten Joghurt-Becher. Ganz zu schweigen von den neuen Schokoriegeln und Bonbonsorten!

Spätestens mit der Währungsunion am 1. Juli 1990 waren viele bekannte Ostprodukte schlagartig aus den Läden verschwunden. Wo waren die Schlager-Süßtafeln, Kokosflocken und Eberswalder Würstchen geblieben? Die DDR-Medien beschworen derweilen das schöne Wort Pressefreiheit: „Jeder Bürger der DDR hat das Recht, den Grundsätzen der Verfassung gemäß seine Freiheit frei und öffentlich zu äußern ...", schrieb die Jugenzeitschrift Neues Leben. „Es geht aber auch um die

Auf zum Laternenumzug!

Chronik

5. Januar 1990
DDR-Fernsehen und Rundfunk senden erstmalig die Nationalhymne mit dem seit 1968 verbotenen Text von Johannes R. Becher und der Zeile „Deutschland einig Vaterland".

15. Januar 1990
Demonstranten stürmen die Stasi-Zentrale in Berlin-Lichtenberg.

13. Februar 1990
Vereinbarung über eine deutsch-deutsche Währungsunion.

18. März 1990
Die ersten freien Wahlen in der DDR enden mit dem Sieg der CDU (48,15%).

12. April 1990
Lothar de Maizière wird Ministerpräsident der DDR.

23. August 1990
Der Volkskammerbeschluss über den Beitritt der DDR zur Bundesrepublik Deutschland nach Artikel 23 des Grundgesetzes am 3. Oktober wird gefasst.

3. Oktober 1990
Erster Tag der Deutschen Einheit: Deutschland ist wiedervereint.

19. September 1991
In den Ötztaler Alpen wird eine mumifizierte Leiche aus der Jungsteinzeit gefunden: der „Ötzi" gilt als Sensationsfund.

19. – 21. August 1991
Ein Putschversuch der Altkommunisten gegen Michail Gorbatschow scheitert. Elf von 15 ehemaligen Sowjetrepubliken schließen sich zur GUS zusammen und lösen die Sowjetunion auf.

25. Juli 1992
Beginn der XXV. Olympischen Sommerspiele in Barcelona mit der ersten gesamtdeutschen Mannschaft seit 1964.

23. November/6. Dezember 1992
Hunderttausende demonstrieren in Deutschland mit Lichterketten gegen Ausländerfeindlichkeit. Aufhänger sind Anschläge auf Asylbewerber in Rostock und Mölln.

Wird das Lenin-Denkmal nun bald abgerissen?

Quo Vadis DDR?

Möglichkeit über Papier, Farbe und Druckkapazitäten zu verfügen." Die Zeitschrift vermutete hartgesottene Ignoranz bei den verantwortlichen staatlichen Planungslenkern. In

Die neuen Parteien kämpfen um Wählerstimmen.

Wirklichkeit war es Unvermögen. Die DDR-Wirtschaft war am Ende. Bald hieß es: Werden nun alle Lenin-Denkmäler abgerissen? Die neue D-Mark brachte auch neue Ware in die Papiergeschäfte. Wir freuten uns besonders über die schönen großen Papierlampions, die auf dem Laternenumzug zum Tag der Deutschen Einheit so richtig zur Geltung kamen.

Sandmann, lieber Sandmann

Bereits unsere Eltern hatten allabendlich vor dem Schlafengehen den Abendgruß des Sandmännchens gesehen. Schließlich begann die Geschichte der Fernsehserie bereits 1959. Im Zuge der Wende im DDR-Fernsehen sollte der Auftritt des Sandmännchens nun eingestellt werden. Der Sandmann ein Opfer der Wende? Das wollten sich weder die Kinder noch unsere Eltern gefallen lassen. Wieder gingen die Ossis auf die Straße, demonstrierten für ihr geliebtes Sandmännchen. Und siehe da – nach kurzer Sendepause wurde der Abendgruß des Sandmännchens wieder ins Programm aufgenommen. Wir liebten das Sandmännchen-Lied, das wir auswendig kannten und Abend für Abend mitsingen konnten:

Unser geliebtes DDR-Sandmännchen.

Die Mauer wird abgebaut.

Die Mauer verschwindet

„Sandmann, lieber Sandmann, es ist noch nicht so weit!
Wir sehen erst den Abendgruß, eh' jedes Kind ins Bettchen muss,
du hast gewiss noch Zeit.
„Sandmann, lieber Sandmann, hab' nur nicht solche Eil!
Dem Abendgruß vom Fernsehfunk
lauscht jeden Abend Alt und Jung,
Sei unser Gast derweil."

Nach dem „Abendgruß", der vom Trickfilm bis zur Spiel- und Gesangsdarbietung unterschiedliche Inhalte beförderte, ging das Lied munter weiter. Jetzt sang der Sandmann:

„Kinder, liebe Kinder,
das hat mir Spaß gemacht!
Nun schnell ins Bett und schlaft recht schön,
dann darf auch ich zur Ruhe geh'n.
Ich wünsch euch gute Nacht."

Gute Nacht hieß es nun auch für die Mauer. Am 1. Juli 1990, dem Tag der Währungsunion, wurde die Bewachung eingestellt. Bereits ab Juni hatte der offizielle Abriss der Sperranlagen begonnen. Daran beteiligt waren DDR-Grenzsoldaten und Pioniere der Bundeswehr. Der Abriss des innerstädtischen Teils der Berliner Mauer endete offiziell am 30. November 1990. Übrig blieben wenige Abschnitte, die als Mahnmal dienen sollten. Der Rest der Mauer, insbesondere an der Berlin-brandenburgischen Grenze, verschwand bis November 1991. Bemalte Mauersegmente mit künstlerisch wertvollen Motiven wurden weltweit auf Auktionen versteigert und exportiert. Im Vatikan in Rom wurden Mauersegmente mit der aufgemalten Sankt-Michaels-Kirche aufgestellt. Ein Teilstück der Mauer kann im Haus der Geschichte in Bonn besichtigt werden.

Die DDR-Mark sagt tschüss!

Mit der Währungsunion und dem Ende der DDR mussten sich unsere Eltern nicht nur von der Ostmark, sondern auch von den bis dahin staatlich garantierten Festpreisen verabschieden. Hier ein Überblick über Preise für Lebensmittel und Dienstleistungen am Ende der DDR:

Mit diesem Schein konnten unsere Eltern die Miete für einen Monat für eine Vierraumwohnung bezahlen oder 117-mal Bockwurst mit Brot und Senf kaufen.

- **0,00 M** ein Arztbesuch oder eine Verordnung (auch die Pille) auf Rezept
- **0,05 M** ein Brötchen, eine Schrippe
- **0,08 M** eine kleine Packung Zitronenbonbons
- **0,08 M** eine Kilowattstunde Elektroenergie (ohne weitere Gebühren)
- **0,08 M** pro Kilometer für Fahrscheine (2. Kl.) der Deutschen Reichsbahn (Kinder bis 6 Jahre frei, 50% Rabatt für Schüler, Studenten und Lehrlinge, 75% Rabatt für Studenten vom Heimat- zum Studienort)
- **0,10 M** eine Tageszeitung
- **0,10 M** eine Schachtel Streichhölzer
- **0,10 M** Porto für eine Postkarte
- **0,10 M** bis 0,20 M eine Straßenbahnfahrkarte
- **0,10 M** eine große Semmel (Doppelbrötchen)
- **0,12 M** eine Flasche Mineralwasser 0,33 l (Pfand 0,30 M)
- **0,20 M** Porto für einen Brief bis 20 g im In- und sozialistischen Ausland
- **0,20 M** ein Telefon-Ortsgespräch aus der öffentlichen Telefonzelle (0,15 M vom privaten Anschluss), unbegrenzte Dauer
- **0,37 M** ein Stück Mohnkuchen vom Bäcker
- **0,40 M** ein Bier (0,25 l) in einer Gaststätte (Preisstufe I)
- **0,42 M** eine Flasche Club-Cola (0,33 l)
- **0,48 M** eine Flasche Bier hell (0,33 l)
- **0,50 M** ein halbes Bäckerbrot
- **0,52 M** ein Roggenmischbrot (1 kg)
- **0,60 M** ein einfaches Mittagessen in einer Studentenmensa
- **0,64 M** ein Weizenmischbrot (1 kg)
- **0,66 M** ein Beutel Vollmilch 1 l (2,2 % Fettgehalt), 0,73 M in Ostberlin
- **0,80 M** eine Schlager-Süßtafel (schokoladenähnlich)
- **0,85 M** eine Bockwurst mit Brötchen und Senf
- **0,85 M** eine Gulaschsuppe in einer Gaststätte
- **1,60 M** eine Schachtel filterlose Zigaretten (20 Zigaretten) der Marken KARO, Real
- **3,20 M** eine Schachtel Filterzigaretten (20 Zigaretten) der üblichen Marken F6, Semper oder Cabinet
- **1,75 M** ein Stück Rahmbutter (stark wasserhaltig, nur als Brotaufstrich geeignet)
- **2,25 M** ein Farbfotoabzug 9x13 cm
- **2,35 M** ein einfaches Mittagessen (Gulasch mit Kartoffeln und Gemüse) in einer Gaststätte (Preisstufe I)
- **2,40 M** ein Stück Butter (250 g)
- **3,00 M** ein Glas Nudossi
- **ca. 4,00 M** eine Tafel Pfefferminzschokolade oder Katzenzungen
- **4,85 M** eine Packung mit zwölf Eiern
- **5,00 M** eine Monatskarte, z. B. von Berlin-Treptow nach Berlin-Mitte (Bus, S-Bahn, Straßenbahn und U-Bahn)
- **8,00 M** eine Dose Trumpf-Kakaopulver
- **8,75 M** eine Packung gemahlener Kaffee (125 g, entspricht 70 Mark/Kilo)
- **18,00 M** eine Dose Ananas (im Delikatladen)
- **19,00 M** eine Fahrkarte der Deutschen Reichsbahn über 200 Kilometer im D-Zug
- **70,00 M** eine Monatsmiete für 58-m²-Neubauwohnung

Am schönsten ist es zuhause: Märchenstunde mit Cindy.

Lust und Frust im Kindergarten

Wir waren wieder ein Jahr älter geworden und gingen nun schon in den Kindergarten. Die erste Kinderbetreuungseinrichtung war bereits im Jahr 1840 eröffnet worden. Doch so richtig in Schwung kommt die Idee des Thüringers Friedrich Fröbel erst in der DDR. Da es immer zu wenig männliche Arbeitskräfte gab, wurden Mütter ständig umworben, um berufstätig zu werden. Wer sollte sich aber um die Kinder kümmern? So gab es bald flächendeckend an jedem Ort der DDR einen Kindergarten. Dort ging es nicht nur um einfache Kinderbetreuung. Als vorschulische Erziehungseinrichtung war jeder DDR-Kindergarten dem Ministerium für Volksbildung unterstellt.

Alle Kinder sollten dort „zur Schulreife geführt" und von klein auf zur „sozialistischen Moral" erzogen werden. Damit war es nun zwar vorbei, schließlich stand die deutsche Wiedervereinigung kurz bevor. Aber das Personal war immer noch das alte. Deshalb wurden Zähneputzen, Hinternabwischen und selbstständiges Anziehen mit uns so lange geübt, bis es klappte. Auch beim gemeinsamen Schnürsenkelzubinden gab es kein Pardon,

Rodelspaß mit neuer Freundin.

Immer ein Erlebnis: Entenfüttern im Park.

selbst wenn wir uns die kleinen Fingerchen fast verknoteten. Am schlimmsten war aber die verordnete Mittagsruhe. Jedes Kind hatte zu schlafen – ob es müde war oder nicht. Zum Glück gab es bald die Vesperpause. Aus blauen Buna-Plaste-Tassen schlürften wir unsere tägliche Ration Milch und träumten von besseren Zeiten fernab des Drills.

Mittagsschlaflied

Wir legen uns zur Mittagsruh',
im ganzen Haus wird's still.
Wir machen schnell die Augen zu,
weil jeder schlafen will.
Sogar das weiße Wolkenschaf,
das Kätzchen und der Hund,
sie halten alle Mittagsschlaf,
denn das ist so gesund.

(Text: Walter Krumbach, Musik: Wolfgang Richter)

Geregelter Tagesablauf

Der tägliche Ablauf im Kindergarten war geregelt wie ein Uhrwerk. Unsere gemeinsamen Mahlzeiten und das Spielen in der Gruppe gehörten genauso dazu wie die für viele von uns eher lästige Bettruhe. Bis zum Fall der Mauer war der ostdeutsche Kindergarten Teil des „einheitlichen sozialistischen Bildungssystems". Das System hatte sich zwar mittlerweile in Luft aufgelöst. Aber die alten Kindergärtnerinnen waren fast alle noch am Ruder. Sie schworen nach wie vor auf die Kraft der kollektiven Erziehung. Unvergessen sind daher das gemeinsame Waschen, Aufs-Klo-Gehen und der tägliche Gruppenaufenthalt an der frischen Luft. Sport, Bewegung und gesunde Ernährung waren hier ebenso wichtig wie Ruhe und Disziplin. Selbst wenn wir zeichneten und malten, achteten unsere Erzieherinnen genau darauf, wie wir den Tuschpinsel zu halten hatten. Besonders Linkshänder hatten da einen schweren Stand. Einheitlichkeit im Denken und Handeln ging unseren Kindergärtnerinnen noch immer über alles. Bei allen erzieherischen Vorgaben kam das Spielen zwar nicht zu kurz, progressive Erziehungsmethoden waren aber noch lange ein Fremdwort. Ein echtes Highlight war auf jeden Fall die jährliche Faschingsfeier. Bereits die Vorbereitungen und das Basteln der Kostüme machten uns einen Riesenspaß. Oft und gern wurde im Kindergarten gesungen. Eines unserer Lieblingslieder handelte von dem kleinen Teddybären Bummi, der sich seit Jahrzehnten in der DDR einer überaus großen Beliebtheit erfreute. Daran hatte auch die neue Zeit nichts geändert.

Kostümierung vom Feinsten.

Bummi – ein Freund der Kinder

Als sich nach Einführung der DM fast alle Ostzeitschriften mit dem Westmarkt messen mussten, verschwanden viele bekannte Titel schnell aus dem Angebot. Die Bummi-Zeitschrift aber überlebte. Die Beliebtheit des kleinen Teddybären ist nach wie vor ungebrochen, seine Geschichten sind für die Jüngsten einfach unverzichtbar. Das Bummi-Lied war eines der ersten, das wir auswendig konnten: „Kommt ein kleiner Teddybär aus dem Spielzeuglande her. Und sein Fell war wuschelweich – alle Kinder rufen gleich: Bummi, Bummi, brumm, brumm, brumm ...". Im Osten Deutschlands kennt seit fünf Jahrzehnten jedes Kind diese Zeilen auswendig. Auch für unseren Jahrgang war Bummi ein guter und treuer Freund. Der sonnengelbe Teddybär mit dem Wuschelfell und dem lustigen Lachen im Gesicht agierte nicht nur als Titelfigur der gleichnamigen Kinderzeitschrift, sondern auch als Fernsehstar. Da auch unsere Eltern mit ihm aufgewachsen waren, gehörte er fast zur Familie.

Bummi mit seinen Freunden Schnatterinchen und Pittiplatsch.

Der Weihnachtsmann holt die Wunschpuppe aus dem Sack.

Spieglein, Spieglein an der Wand …

Weihnachten mit neuen Freu(n)den

Das erste Weihnachtsfest nach der Währungsunion war ein ganz besonderes. Zum ersten Mal schien die Barbie-Puppe kein ferner Traum, sondern war fester Bestandteil der Weihnachtswunschzettel von Stralsund bis Zella-Mehlis. Auch der Erwerb von LEGO-System-Baukästen, Matchbox-Autos und Polly-Pocket-Sets war nun nicht mehr an den Besitz von Forumschecks oder Westmark gebunden. Und so staunten nicht nur die Kinder, sondern auch viele Eltern und Großeltern über all die Kens und Barbies dieser Welt. Gemeinsam wurden die neue Stereoanlage und der neue Walkman ausprobiert. Und nach dem gemeinschaftlichen Stollenessen unterm Christbaum wurde in familiärer Runde eine Partie Monopoly gespielt. Am Ende des in der DDR verbotenen Spiels gab es mitunter Tränen. Aber vielleicht war das ja gerade das richtige Training, um Jung und Alt auf die kommenden Herausforderungen der Marktwirtschaft einzustimmen? Auch der Neckermann-Katalog lag unterm Weihnachtsbaum. Oma und Opa sollten sich endlich ihre Traumreise ans Mittelmeer genehmigen.

Neue Zeit, neue Ziele

Die Forderung nach Reisefreiheit war ein zentraler Punkt der Montagsdemonstrationen gewesen.

Die Deutsche Einheit hatte nun endlich dazu geführt, dass jeder auch im Osten seine Reiseträume verwirklichen konnte. Auch sonst änderte sich so einiges. Unsere älteren Geschwister, die bereits zur Schule gingen, mussten auf einmal kein Russisch mehr lernen. Auch das Fach Staatsbürgerkunde wurde abgeschafft. Unser Kindergarten bekam nun keinen Besuch mehr von der Patenbrigade und auch die jungen Soldaten vom „Regiment nebenan" ließen sich nicht mehr sehen. Mit der Einheit verabschiedete sich der Osten nicht nur von der verhassten Stasi und dem ungeliebten Schwarzen Kanal. Der Staat als Ganzes hatte sich aufgelöst und mit ihm auch die bis dahin streng gehütete Arbeitsplatz- und Ausbildungsplatzgarantie. Kluge Professoren verkündeten im Fernsehen: Der Wettkampf der Systeme ist entschieden. Ein Neunmalkluger sah bereits „das Ende der Geschichte" in sichtbarer Nähe. Von dem vielen Gerede schwirrten unseren Eltern bereits die Ohren. Würden die Zeiten nun besser oder schlechter werden? Aber warum lange

Mit Oma gibt's immer was zu lachen!

Die Stützräder sind bald überflüssig.

Endlich wiedervereint: Cousin und Cousine.

Endlich mal was los hier: Kindertag im Kindergarten.

abwarten? Erst einmal konnte die neue Freiheit als Bundesbürger ausprobiert werden!

Endlich konnten wir unseren Cousins und Cousinen im Westen Deutschlands persönlich zum Geburtstag gratulieren. Und gemeinsam mit ihnen auf dem Fahrrad um die Wette fahren. Auch ein Besuch der bis dahin unerreichbaren Nordseestrände war sogar am Wochenende möglich. Wie freuten wir uns, als uns die Großeltern mit auf ihren ersten gemeinsamen Westurlaub nahmen. Im Kindergarten dagegen blieb vorerst fast alles beim Alten. Nur die dicke, immer gut gelaunte Köchin hatte sich überraschend verabschiedet. Unser Mittagessen kam jetzt aus großen, grünen Wärmebehältern auf den Tisch.

AIDS verbreitet Angst

In unserer Kindheit hatten die Menschen Angst vor einer tödlichen neuen Krankheit: AIDS. Die Abkürzung „AIDS" kam aus dem Amerikanischen, stand für „Acquired Immune Deficiency Syndrome", für den „erworbenen Mangel an Abwehrkraft" und sich daraus ergebende Krankheiten. Das Kürzel war für den Gebrauch unter Ärzten ersonnen worden und wurde innerhalb nur weniger Monate zum weltweiten Schreckensruf. Hinter AIDS verbirgt sich eine moderne Seuche, eine Epidemie, „die wohl gerade erst richtig beginnt ...", mutmaßten damals Experten des amerikanischen Seuchenkontrollzentrums im US-Staat Georgia. Im November 1991 verstarb Freddie Mercury, der Sänger der Rockband Queen, an AIDS. Er war eines der prominenten Opfer der Krankheit. Am Ostermontag 1992 veranstalteten die verbliebenen Queen-Musiker im Londoner Wembley Stadium ein Benefiz-Konzert, das weltweit im Fernsehen übertragen wurde. Sie erinnerten an den verstorbenen Sänger mit dem Ziel, das Bewusstsein für AIDS zu verstärken. Mit den Einnahmen wurde der Mercury Phoenix Trust gegründet, eine gemeinnützige Organisation zur Bekämpfung von AIDS.

Mit stolzem Opa vorm neuen Westauto.

Abschied vom Trabbi

Unsere Eltern und Großeltern konnten sich jetzt noch ganz andere Wünsche erfüllen.

Der gute alte Trabant hatte nun ausgedient. Westdeutsche Gebrauchtwagen-Händler überschwemmten den Osten mit alten Volkswagen, Audis und Mercedes-Modellen, die zum Teil bereits den Bau der Mauer miterlebt hatten. Der Westwagen war das neue Statussymbol. Nur diejenigen mit kühlem Kopf sparten noch ein Weilchen, um sich später einen

Opa ist für jeden Spaß zu haben.

Auch 'ne Puppe braucht mal Seeluft.

Mit der Bahn unterwegs ...

preiswerten Neuwagen aus Japan, Italien oder Korea zuzulegen.

Die Begeisterung für die neuen fahrbaren Untersätze teilten auch wir. Im Gegensatz zu den Erwachsenen beschränkte sich unsere Leidenschaft auf Kinderwagen und Mountain-Bike-Fahrräder. Auch dafür musste man einiges an Taschengeld zurücklegen. Billiger ließ sich da eine Kinderhochzeit feiern. Ein Schleier und ein Brautkleid fanden sich in jedem Kleiderschrank. Und zur Not sprang Opa als Bräutigam ein.

Wendezeit war Reisezeit

In ihrer Jugend konnten unsere Eltern maximal davon träumen, einmal eine Reise nach Kuba zu machen. Das war so ungefähr das

Auf dem Karussell in Belgien.

Auf großen Füßen in Holland.

größte und exotischste Reiseziel in den Grenzen der sozialistischen Welt. Nach dem Ende der Zäune erfolgte nun ein Aufbruch aus der Enge.

Egal, ob Holland, Skandinavien, Mallorca oder Jamaika. Das Reiseziel war nur noch abhängig von der zur Verfügung stehenden Zeit und dem gesparten Urlaubsgeld. Parteizugehörigkeit und politisches Wohlverhalten spielten nun keine Rolle mehr. Bei der Entdeckung unserer Nachbarländer waren wir dabei und lernten selbst unsere ersten ausländischen Freunde kennen.

Kramen wir in den alten Fotoalben, erinnern wir uns plötzlich an längst vergessene Eindrücke unterm Pariser Eiffelturm oder am Strand des Mittelmeers. Schön war die Zeit der neuen Reisefreiheit. Aber wie alles im Leben war auch sie limitiert.

Spaziergang vor dem Centre Pompidou in Paris.

1993-1996

Endlich in der Schule!

Das 7. bis 10. Lebensjahr

Zuckertüte und Schulalltag

Was für eine Aufregung! Endlich war die Zeit gekommen und wir durften in die Schule gehen. Spannend waren bereits die Vorbereitungen. Wir wurden zu einer Untersuchung eingeladen, unsere Schulreife wurde dort getestet. Es ging dabei nicht nur um unser

Jetzt beginnt der Ernst des Lebens.

Chronik

1. Januar 1993
Aus der Tschechoslowakei gehen zwei Staaten hervor, die Tschechische Republik und die Slowakei.

20. Januar 1993
Bill Clinton wird neuer amerikanischer Präsident.

26. Februar 1993
Ein Sprengstoffanschlag wird auf das World Trade Center in New York verübt.

1. Januar 1994
Die Deutsche Bahn AG wird gegründet.

8. April 1994
Der 27-jährige Rockmusiker Kurt Cobain wird tot aufgefunden.

10. Mai 1994
Nelson Mandela wird erster schwarzafrikanischer Präsident Südafrikas.

31. August 1994
Die letzten russischen Besatzungstruppen ziehen aus Deutschland ab.

14. November 1994
Der Eurotunnel zwischen Frankreich und England wird für den Personenverkehr frei gegeben.

24. Juni 1995
Christo verhüllt den Reichstag in Berlin.

4. November 1995
Die Ermordung von Israels Ministerpräsident Yitzhak Rabin löst weltweit Trauer und Entsetzen aus.

18. Januar 1996
In Lübeck sterben bei einem Brandanschlag auf ein Asylbewerberheim zehn Menschen.

22. Februar 1996
Der Immobilienspekulant Jürgen Schneider wird nach Deutschland ausgeliefert.

10. – 11. August 1996
Oasis spielen an zwei Tagen in Knebworth vor je 125 000 Zuschauern – der Höhepunkt der Britpop-Welle.

Mit der Zuckertüte zur Einschulungsfeier.

Alter, auch Intelligenz, Geschick, Gesundheit und Körperkraft wurden auf den Prüfstand gestellt. Doch all die Aufregung lohnte sich am Ende – wir wurden alle für „schulreif" eingeschätzt.

Unsere Eltern kümmerten sich nun um einen optimalen Schulstart. Das Angebot an Schulranzen hatte sich nach der Wende vervielfacht. Es gab nun unzählige Ranzen-Modelle in verschiedensten Preislagen, Größen und Farben. Da war guter Rat teuer. Welcher Ranzen hatte das beste Preis-Leistungs-Verhältnis zu bieten? Und welcher gefiel uns am besten? Der Ranzen durfte nicht zu groß und nicht zu schwer sein. Er sollte Platz haben für alles, was ein angehender Schulanfänger so braucht. Und er sollte auch noch gut aussehen. Da war einiges zu bedenken! Anfang September war es dann so weit. Unsere Geschwister schielten bereits neidisch auf die mit allerlei süßen

Konzentration bei den Hausarbeiten.

Sachen gefüllte Zuckertüte. Im Schreibwarengeschäft hatten wir mit unseren Eltern stapelweise Hefte mit Linien und Kästchen gekauft. Tintenfüller, Bleistifte, Holzfarbstifte, Filzstifte, Radiergummis, Lineale und ein buntes Etui durften nicht fehlen, waren im Ranzen verstaut worden. Auch die druckfrischen Schulbücher hatten ihren Platz gefunden. Nun konnte es losgehen. In unserer nagelneuen Schulkluft marschierten wir im Kreise der Familie auf den Schulhof. Unsere Einschulung schien ein großer Tag für die ganze Schule zu sein. Überall lümmelten die älteren Jahrgänge herum und grinsten in unsere aufgeregten Gesichter. Wir waren die Neulinge und sehr froh, als das Kommando ertönte, dass wir uns rasch in Zweierreihen aufstellen sollten. Nicht lange und wir marschierten ab ins Klassenzimmer. Es dauerte nur wenige Sekunden und schon hatte unser Schulalltag begonnen.

Wir lernen lesen!

Unser erstes Schuljahr brachte viele Veränderungen mit sich. Der Unterricht verlangte von uns die Einhaltung neuer Regeln. Nicht nur lesen, rechnen und schreiben, auch Fleiß, Disziplin und Ordnung mussten von uns erlernt werden. Aber niemand musste sich ängstigen. Die zwiespältigen Gefühle der ersten Unterrichtstage waren schnell vergessen. Unsere Lehrerinnen und Lehrer waren zumeist jung, nett und sehr unterhaltsam. Unsere Unterrichtsräume waren hell und freundlich. Im Unterricht machten wir schnell gute Fortschritte. Auch wenn wir beim Kopfrechnen anfangs noch Schwierigkeiten hatten, das tägliche Üben zeigte bald seine Wirkung. Am Ende des ersten Schuljahres stand bei allen der gleiche Vermerk im Zeugnis: „Versetzt in Klasse 2!" Die ganze Familie war stolz auf unser erstes Jahresendzeugnis. Endlich konnten wir ohne fremde Hilfe unsere heißgeliebten Mär-

Geschenkporträt: Oma im Garten.

Wir beherrschen jetzt sogar schon die Schreibschrift: Glückwunschkarte für Oma und Opa.

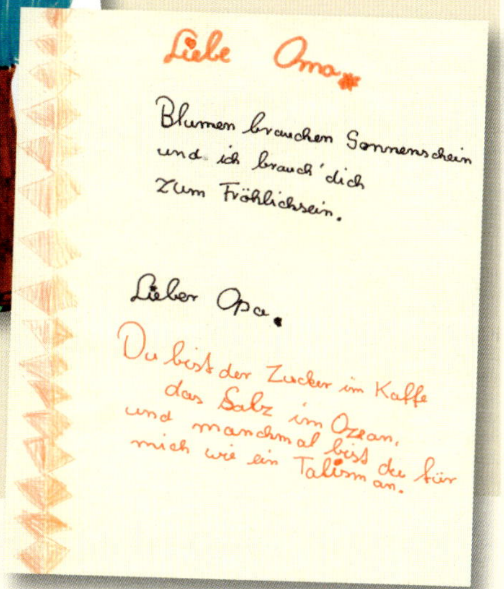

chenbücher durchschmökern. Besonders „Arielle, die Meerjungfrau", die Hauptdarstellerin des erfolgreichen Disney-Zeichentrickfilms war die Favoritin der Mädchen. Ob als Buch, Spielfigur, Video- oder Hörspiel-Kassette: Arielle war immer dabei! Die Jungen schwelgten zur gleichen Zeit im Dinosaurier-Fieber. Steven Spielbergs spannender, überaus erfolgreicher Kinofilm „Jurassic Park" entfachte weltweit eine Dinosaurier-Begeisterung, die auch in Deutschland nicht ohne Folgen blieb. Dinosaurierfiguren aus Plaste, Videos, Comics und Bücher zum Thema eroberten schlagartig die Kinderzimmer. Auch in der Schule hörten wir einiges zum Thema, konnten bald den Tyrannosaurus Rex vom Titanosaurus unterscheiden. Im Heimatkunde-Unterricht erfuhren wir nun viel über den Staat, in dem wir lebten: Unsere Heimat hieß nicht mehr DDR, sondern Bundesrepublik Deutschland. Und unser Kanzler Helmut Kohl versprach allen Ossis in naher Zukunft „blühende Landschaften". Aber vorher musste erst einmal kräftig in die Hände gespuckt werden.

Der Jubel ist verebbt

Erst wurde gejubelt, dann wurde gejammert. Der großen Freude über die Deutsche Einheit folgte die Ernüchterung. Die schnelle Einheit brachte bald neue Probleme. Arbeitslosigkeit und Angst vor dem dauerhaften sozialen Abstieg nisteten sich in vielen ostdeutschen Wohnzimmern ein. Eine internationale Wirtschaftskrise verschärfte die Auswirkungen. Nun begriffen unsere Eltern, dass Deutsche Mark und Einheit auch ihren Preis hatten. Eine teilweise Radikalisierung politischer Ansichten war die Folge. Als es im August 1992 im Rostocker

Kampf gegen Neonazis auf dem Titel der Tempo.

Stadtteil Lichtenhagen zu den massivsten ausländerfeindlichen Ausschreitungen in der deutschen Nachkriegsgeschichte kam, schaute wieder die ganze Welt auf Deutschland. Doch diesmal war es ein trauriger Anlass. Während der Ausschreitungen wurden die rechtsextremen Randalierer von einer großen Menge applaudierender Schaulustiger beobachtet. Daraufhin initiierten die Zeitschriften Tempo, Max, Prinz und Wiener eine gemeinsame Aktion gegen Rechtsradikalismus, sie wurden unterstützt von Werbespots auf MTV und Pro 7. Seitdem hat es viele Aktionen gegen den neuen Rechtsextremismus gegeben. Trotzdem gelang es den Ewiggestrigen, in einige ostdeutsche Landesparlamente einzuziehen.

Neue Freundschaften

Wir machten im Kindergarten zur gleichen Zeit gänzlich andere Erfahrungen mit ausländischen Mitbürgern. Durch die steigende Zu-

Neue Freunde auf dem Schulhof.

McDonalds's hat nicht nur Burger zu bieten.

wanderung deutschstämmiger Sowjetbürger hatten wir plötzlich Mitschüler, die ihre Kindheit noch in Alma Ata, Moskau oder auf der Krim verbracht hatten. Schnell entwickelten sich zwischen uns neue Freundschaften. Wir gingen nicht nur gemeinsam zur Schule, sondern verbrachten bald auch unsere Freizeit miteinander. Besonders freuten wir uns auf die Kindergeburtstagspartys. Die wurden neuerdings am liebsten bei McDonald's gefeiert. Der Siegeszug des US-amerikanischen Fastfood-Herstellers war mittlerweile in ganz Ostdeutschland unübersehbar. Nun gab es als Geburtstagsmenü nicht mehr Malzkaffee und Käsekuchen, sondern Muffins und Big Macs. Das waren ganz neue Geschmacksmomente!

Was ist McDonald's?

Die McDonald's Corporation ist der weltweit umsatzstärkste Betreiber von Fastfood-Restaurants. Am 4. Dezember 1971 eröffnete die erste deutsche Filiale. Deutschland ist neben Großbritannien und Frankreich der größte europäische Markt für McDonald's. In Deutschland findet sich im Durchschnitt alle 16 km ein entsprechender Standort. Die Speisekarte besteht vor allem aus mehreren Variationen des Hamburgers. Der bekannteste Burger bei McDonald's ist der Big Mac, der seit 1967 verkauft wird.

Bei McDonald's schmeckt es uns allen.

Arbeitssuche und „Schlampenfieber"

Es gab kaum einen Arbeitsplatz im Osten Deutschlands, der sich nicht irgendwann in Luft auflöste. Viele der ehemals volkseigenen DDR-Betriebe versuchten ihr Glück in der Marktwirtschaft über eine Privatisierung oder einen neuen Partner im Westen. Aber der Weg war steinig. Fast alle bestehenden

Im Schulhort: Märchenstunde mit dem Walkman.

Absatzmärkte waren durch die Veränderungen in Osteuropa und der ehemaligen Sowjetunion verschwunden. Zusätzlich gab es ab 1993 eine weltweite Rezession. Viele Betriebe in den neuen Bundesländern wurden daraufhin abgewickelt und liquidiert. Die Arbeitslosigkeit im Osten stieg unaufhörlich. Die meisten unserer Mütter und Väter mussten sich deshalb nach einer neuen Arbeit umsehen. Viele Väter pendelten nun Woche für Woche zwischen ihren Heimatorten im Osten und den Industrie- und Handelszentren in den Alt-Bundesländern. So hörten wir auf dem Schulhof oft den Satz: „Vaters Betrieb wurde abgewickelt. Er sucht jetzt die blühenden Landschaften im Westen." Andere wurden umgeschult oder landeten bei einer befristeten Arbeitsbeschaffungsmaßnahme. Bei der Suche nach einer neuen Arbeit durften unsere Eltern nicht wählerisch sein. Auch die Arbeitsbedingungen wurden nicht besser. So wurden viele von uns Schlüsselkinder, warteten in der Woche lange auf die Eltern.

Noch ein Geheimtipp aus dem Osten: Rosenstolz.

Es gab jedoch nicht nur negative Nachrichten, auch Erfolgsgeschichten hatte der Osten zu bieten. Eine davon schrieben Anna R. und Peter Plate. Als superschräges Popduo Rosenstolz eroberten die beiden erst die Kleinkunstbühnen und bald darauf die größten Hallen der Republik. Als wir den Rosenstolz-Schlager „Schlampenfieber" auf der Kinderdisco in der Schule vorstellten, bekamen unsere Lehrerinnen ganz schön rote Ohren!

Die Sendung mit der Maus

Eine Fernsehsendung machte uns nicht nur Spaß, sondern zusätzlich auch noch schlau: Die Sendung mit der Maus! Bereits 1971 startete der WDR die Fernsehreihe, die Lach- und Sachgeschichten mit einer Bildergeschichte um eine pfiffige, selbstbewusste, orangefarbene Maus verband. Die Maus hatte Stil und war schon bald so beliebt, dass die Zuschauer immer öfter von der „Sendung mit der Maus" sprachen. Lustige, knifflige Bilderrätsel, Malspiele, Denkaufgaben und viele andere beliebte Rätsel für junge Ratefüchse ab acht Jahren machten die Sendung zum Dauerhit. Im Jahr 1996 spielte Stefan Raab anlässlich des 25. Geburtstags der Sendung die Titelmusik neu ein. Er erweiterte die alte Melodie zu dem Schlager „Hier kommt die Maus", der es bis auf Platz 2 der deutschen Single-Charts schaffte. 400 000 Exemplare wurden von diesem Hip-Hop-Remix der Titelmelodie verkauft; Komponist Hans Posegga und Stefan Raab erhielten eine Goldene Schallplatte.

Jede Woche auf Sendung: Die Maus aus dem Kinderfernsehen.

Süße Versuchungen

Kaffeeklatsch mit Freunden.

Bei all dem Stress und all den Veränderungen, die jetzt auf uns und unsere Familien zukamen, versäumten wir nicht, jedes anstehende Fest, das auf dem Kalender stand, so zu feiern, wie es sich gehörte. Die wenigen gemeinsamen freien Tage mit Eltern und Geschwistern waren kostbar. Sie brachten uns allen immer wieder schöne neue Erlebnisse, zuweilen auch das Gegenteil. Ob Kindertag oder Geburtstagsfeier, nach der Wende hatte sich das Arsenal der Süßigkeiten für uns echt verbessert. Freuten sich unsere großen Geschwister noch über Schlager-Süßtafel, Kokosflocken und superharte Zuckereier, die den kleinen Zähnen arg zu schaffen machten, waren jetzt

Ausflug an den Strand.

Badespaß im Garten.

leckere Schokoriegel, Überraschungseier und Gummitierchen jeglicher Couleur zu haben. Lecker schmeckte auch die Cola, die es in immer größeren Abfüllungen zu kaufen gab. Unser Zahnarzt musste sich um seinen Job wirklich keine Sorgen machen.

Zauberwelt der Spiele

Während viele unserer Eltern und Lehrer kräftig mit dem Kopf schüttelten, liebten wir die neue Welt der Videospiele. Mitte der 90er Jahre war es üblich, dass wir in den Kaufhäusern und Media Märkten die neuesten Spiele testen konnten. So bildeten sich in den Elektro-Abteilungen vor den Spielkonsolen nach Schulschluss lange Schlangen

Ein guter Schluck darf nicht fehlen.

Unzertrennlich: Mein neues Fahrrad und ich.

von eifrigen Video-Jüngern. Wie freuten wir uns über unser erstes Sega Master System und den ersten Game Boy Classic. Überhaupt der Game Boy! Nichts konnte jemals das Spielgefühl dieses grauen, klobigen Teils übertreffen. Für die meisten unserer Generation stellte der Game Boy den ersten Kontakt mit Videospielen her. Noch heute bringt das Spielen mit alten Klassikern wie Mario Brother, Tetris, Mega Man IV, Mystic Quest oder Zelda-Links Awakening echte nostalgische Gefühle hervor. Doch spätestens wenn im Sommer die Sonne lockte, hielt uns auch das spannendste Videospiel nicht im Haus. Jetzt ging es mit dem Fahrrad hinaus ins Grüne. Und endlich konnten wir das Campingzelt vor dem großen Urlaubstrip testen und im Garten aufbauen.

Game Boy und Tamagotchi

Beliebtes Kinderspielzeug: Der Game Boy Classic und das Tamagotchi.

Der Game Boy ist ein tragbares elektronisches Gerät zum Videospielen, das von der japanischen Firma Nintendo entwickelt wurde. Es wurde Ende der 80er Jahre auf den Weltmarkt gebracht. Durch geschicktes Marketing, sparsamen Batterieverbrauch und ein breites Angebot an Spielen kam das neue Spielzeug bei Kindern und Jugendlichen schnell zu großer Beliebtheit. Heute ist der Game Boy mit 118 Millionen verkauften Exemplaren die weltweit meistverkaufte portable Spielkonsole. Die deutsche Punkband HASS komponierte 1992 sogar ein Lied auf den Game Boy: Was für die Jungen der Game Boy, war für die Mädchen das Tamagotchi. Dieses virtuelle elektronische Küken aus Japan war äußerst anspruchsvoll. Wir mussten uns vom Zeitpunkt des Schlüpfens an darum kümmern wie um ein reales lebendes Haustier. Das Tamagotchi hatte ganz normale Bedürfnisse wie Essen, Schlafen, Trinken, es forderte unsere Liebe und Zuneigung. So meldete es sich zu unterschiedlichen Zeitpunkten und musste auch während der Schulstunden versorgt werden. Da waren einige Lehrer schnell sehr ärgerlich über die Ablenkung vom Unterricht.

Mein erstes Open-Air-Konzert.

Babysitten mit Bildungsprogramm.

Alle liebten Blümchen.

Gleich machen wir einen Ausflug.

Auf in die Ferien!

Die großen Ferien waren für uns und unsere Eltern immer etwas ganz Besonderes. Der gemeinsame Sommerurlaub war der Höhepunkt des Jahres. Auch wenn das Urlaubsgeld nicht immer für eine teure Auslandsreise reichte, gemeinsam mit unseren Eltern erkundeten wir die Schönheiten der alten Bundesländer oder schauten, was es in Rostock, Leipzig oder Dresden für Veränderungen gab. Auch in unseren Kinderzimmern hatte sich viel verändert: BRAVO-Poster von Tic Tac Toe und Blümchen zierten jetzt die Wände. Superfreche Lieder wie „Herzfrequenz", „Ich find' dich scheiße" und „Verpiss dich" waren die Hits der Saison. Als Blümchen mit ihrem Live-Programm durch Deutschland tourte, waren manche von uns sogar bei einem Konzert dabei. Nach dem Ende der Schulferien konnten wir mit unseren nagelneuen Rastazöpfen punkten.

In den Klassen wurde eine Informationsbroschüre des Bundesministeriums für Wirtschaft herumgereicht. Die Vollendung des Europäischen Binnenmarktes stand vor der Tür. Nachdem alle Grenzkontrollen und Schlagbäume in den EG-Mitgliedsländern abgeschafft wurden, sollte nun bald auch eine einheitliche europäische Währung eingeführt werden: der Euro! Derweilen rollte in den Medien die erste DDR-Nostalgie-Welle. Fernsehmehrteiler beschäftigten sich mit dem Ende der DDR und auch viele alte Ossi-Hits wurden jetzt wieder im Radio gespielt. Die DEFA feierte ihren 50. Geburtstag und viele Filmklassiker wurden aus den Archiven geholt. Unsere Eltern freuten sich über das Wiedersehen der Filme ihrer Kindheit. Viele der Streifen erschienen jetzt zum ersten Mal auf Video. So freuten wir uns über Märchenfilm-Klassiker wie „Das kalte Herz", „Schneewittchen" oder „Das singende, klingende Bäumchen", die wir zum ersten Mal zu sehen bekamen.

Die DDR als Sammelobjekt

Kaum war die DDR verschwunden, wurde sie zum Dauerthema. Das Fernsehen zeigte aufwändig produzierte Mehrteiler über die Geschichte des kleinen Deutschland, DDR-Kultserien wie „Polizeiruf 110" und „Der Staatsanwalt hat das Wort" feierten ebenso ein Comeback wie die wunderbaren DEFA-Märchenfilme. Sammler auf der ganzen Welt nahmen sich des DDR-Themas an. Schließlich war hier ein abgeschlossenes Sammelgebiet abzugrasen. Ob Briefmarken, Bierdeckel, Münzen, Orden und Ehrenzeichen, Gemälde mit Motiven des „sozialistischen Realismus" oder alte Armee-Klamotten – gesammelt wurde alles, was nicht niet- und nagelfest war. Selbst die alten DDR-Mauerreste wurden nun immer begehrter. In den Discos gab es DDR-Nostalgie-Partys, die alten Amiga-Platten wurden endlich entstaubt. Auch alte DDR-Rocker wie Puhdys, City, Renft und Co. hatten wieder genug zu tun.

Beliebte DEFA-Märchenfilm-Klassiker auf Video: Das kalte Herz, Schneewittchen und Das singende, klingende Bäumchen.

Die DDR-Nostalgie-Welle rollte: Die DT-64-Story auf CD und Poster zur TV-Serie „Goodbye DDR".

1997-2000

Auf ins neue Millennium

Das 11. bis 14. Lebensjahr

Schule als Dauerexperiment

In unseren Schulen gab es regelmäßig Veränderungen, ob wir wollten oder nicht. Die zehnklassige polytechnische Oberschule, ein Modell der untergegangenen DDR, gehörte längst zum alten Eisen. In jedem der fünf neuen Bundesländer gab es nun umgreifende Schulreformen. Schulpolitik war Ländersache und im Rahmen des Großprojektes „Aufbau Ost" wurden auch

Frauen unter sich.

Chronik

6. September 1997
Am Trauerzug für die tödlich verunglückte Lady Di nehmen in London drei Millionen Menschen teil.

27. Juli 1997
Jan Ullrich gewinnt als erster und einziger Deutscher die Tour de France. Er ist mit 23 Jahren einer der jüngsten Sieger des härtesten Radrennens der Welt.

13. Juni 1998
Das Gesetz über die Errichtung einer Stiftung zur Aufarbeitung der SED-Diktatur tritt in Kraft.

27. September 1998
Gerhard Schröder wird neuer deutscher Bundeskanzler. Helmut Kohl muss nach 16 Jahren seinen Platz räumen.

9. November 1998
Das Informations- und Dokumentationszentrum der Bundesbeauftragten für die Stasi-Unterlagen in Berlin wird in Anwesenheit von Bundespräsident Roman Herzog eröffnet.

1. Januar 1999
In elf EU-Staaten wird der Euro als gemeinsame Währung eingeführt.

19. April 1999
Der Bundestag kommt zu der ersten Sitzung im Berliner Reichstagsgebäude zusammen.

11. August 1999
Eine totale Sonnenfinsternis ist über Europa zu beobachten.

31. Dezember 1999
Wladimir Putin wir neuer Präsident Russlands.

8. April 2000
Einrichtung der ersten deutschen Babyklappe in Hamburg-Altona.

1. Juni 2000
Die Weltausstellung EXPO 2000 in Hannover wird eröffnet.

1. Juli 2000
Das Recht auf gewaltfreie Erziehung wird in Deutschland festgeschrieben.

unsere Schulen als Experimentierfeld genutzt. Das ging zuweilen bis an die Grenzen unserer Leistungs- und Leidensfähigkeit. Das war den meisten profilierungssüchtigen Bildungspolitikern aber schnurzpiepegal. Nach erster euphorischer Aufbruchstimmung an unseren Schulen klagten Schüler, Eltern und Lehrer gleichermaßen über die neuen, viel zu schnell eingeführten Schulsysteme. Bildung war zum Spielball unterschiedlicher Partei-Interessen geworden. Kein Zweifel, die Bildungspolitik steckte in einer tiefen Krise. In vielen Ländern mussten wir uns bereits am Ende der vierten Klasse voneinander verabschieden. Die einen wechselten ans Gymnasium, während andere in die Haupt-, Real- oder Gesamtschule gingen. Wir fühlten uns als Experimentieropfer einer verfehlten Schulpolitik. Zum Glück waren die nächsten Sommer-Ferien nicht fern!

Mit modischer Kopfbedeckung in der Eisdiele.

Weltweite Trauer

Am 31. August 1997, kurz nach Mitternacht, fand Lady Diana, die Ex-Frau des britischen Thronfolgers Charles, bei einem Autounfall in der Unterführung der Pont de l'Alma in Paris den Tod. Ihr Mercedes S 280 war auf der Flucht vor Paparazzi mit hoher Geschwindigkeit gegen einen Tunnelpfeiler geprallt. Diana war überaus beliebt, hatte zahlreiche Wohltätigkeitsprojekte unterstützt, arbeitete für die britische AIDS-Hilfe und engagierte sich in der internationalen Kampagne für das Verbot von Landminen. Ihr Unfalltod erzeugte eine weltweite, bis dahin nicht gesehene Anteilnahme. Elton John sang auf der Beerdigungsfeier von Lady Di, die nun den Beinamen „Königin der Herzen" vom britischen Volk verliehen bekam, eine Neuversion seiner Ballade „Candle In The Wind". Mit weltweit 33 Millionen verkauften Exemplaren wurde das Lied zur erfolgreichsten Single-CD aller Zeiten, erhielt einen Eintrag im Guinness-Buch der Rekorde. Sämtliche Verkaufserlöse wurden dem Diana Princess of Wales Memorial Fund gestiftet.

Jäger und Sammler

Wo Diddl war, waren wir auch.

Mit unseren elf Jahren waren die Abenteuer von Micky Maus und Mini Maus jetzt viel zu kindisch geworden. Sailor Moon, Werner, Superman und Batman hießen die neuen Helden. Die bunten Hefte gingen von Hand zu Hand. Die Welt der neuen Comics entfachte bei vielen von uns eine ausgeprägte Sammelleidenschaft. Um die im Handel angebotenen Stickeralben der vielen Superhelden zu füllen, mussten wir unser Taschengeldbudget des Öfteren über Gebühr strapazieren. Zu unermüdlichen Sammlern entwickelten sich auch die Diddl-Fans unter uns. Das Studium von „Diddls Sammelkiste" wurde für viele zur

Mit Rammstein-Musik steigt die Temperatur.

unumgänglichen Pflichtlektüre. Die Jäger und Sammler unter uns nutzten zuweilen auch die Unterrichtspausen, um ihre Sammlungen zu vervollständigen.

Es wurde aber nicht nur gesammelt und geschmökert. Wir bewährten uns auch als junge Sanitäter, beim Rettungsschwimmen-Lehrgang oder beim Angelwettbewerb. Schließlich konnten wir hier unseren Mut und unsere Geschicklichkeit beweisen. Und kamen so in unserer Phantasie den geliebten Superhelden ziemlich nahe. Die deutsche Rockband Rammstein sah den Comic-Superhelden besonders ähnlich. Ihr Hit „Engel"gefiel sogar unseren Müttern. Die Anfänge der Band konnten wir im Dokumentarfilm „Flüstern & Schreien" verfolgen. Der ostdeutsche Kultstreifen erlebte pünktlich zum 10. Jubiläum im Jahr 1998 seine Video-Premiere im vereinten Deutschland.

Achtung, Girl Power!

Es dauerte nicht lange und auf dem Schulhof gab es ein neues Gesprächsthema. Nun regierte die Girl Power der Spice Girls unser Freizeit-Verhalten. Der Ausruf „Girl Power!" war ein Markenzeichen der weltweit erfolgreichsten Girl-Group, die aus den fünf Mitgliedern Emma, Geri, Mel B, Mel C und Victoria bestand. Mit dem Begriff „Girl Power" wollten sie ausdrücken, dass moderne Mädchen gut, stark, begehrenswert und gemeinsam unschlagbar sind. „Wir wollen, dass die Mädels überall auf der Welt ihre Power entdecken und Spice Girls werden. Wir sind nicht bloß eine Band. Die Spice Girls sind eine Bewegung, eine Art religiöser Kult, bloß viel lustiger", so klang die Philosophie der Spice

Endlich Farbe im Gesicht.

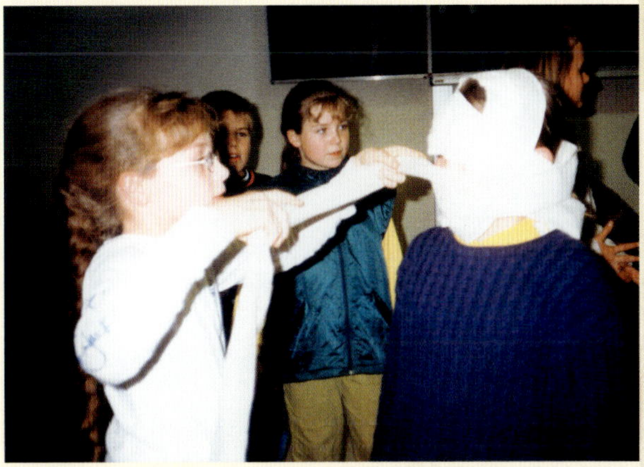

Schulfest mit spannenden Geschicklichkeitsübungen.

Girls. Bald konnten wir die zehn Goldenen Regeln von Girl Power auswendig: Sei positiv. Sei stark. Lass dich von niemandem niedermachen. Leite dein Leben und dein Schicksal. Unterstütze deine Freundinnen. Und lass sie dich unterstützen. Sag deine Meinung. Gehe dein Leben selbstbewusst an. Lass dir von niemandem erzählen, dass du etwas nicht machen kannst, nur weil du ein Mädchen bist. Habe Spaß! Wir liebten die bunten, lauten, frechen und schrillen Girls, die bald zu Mode-Vorbildern und Leinwandstars wurden. Doch nicht nur die Spice Girls hatten Erfolg in den Hitparaden. Auch unsere alten DDR-Fernsehlieblinge Pittiplatsch der Liebe, Schnatterinchen, Herr Fuchs und Frau Elster feierten ein Comeback. Das Produzenten-Team Turbo Beat hatte die Helden unserer frühen Kindheit unter dem Namen „Sandmanns Dummies" in die Hitparaden gebracht. Beim Club-Mix des Kinderliedes „Der Fuchs geht durch den Wald" ließ sich im heißen Sommer 1997 prima abtanzen!

Heißer Sommer 1997!

Girl Power für den Schulunterricht: Spice-Girls-Federtasche und -Lineal.

Wiedersehen mit Pittiplatsch und Co.

Die Japan-Manga-Welle

Mitte der 90er Jahre eroberten die japanischen Mangas Schritt für Schritt die deutschen Kinderzimmer. Eine wichtige Wegbereiterin dafür war Sailor Moon. Als die TV-Serie ab Mai 1997 bei RTL 2 mit einer Folge pro Werktag gesendet wurde, bekam sie im deutschsprachigen Raum schnell Kultstatus. Die Fernsehserie handelte von dem tollpatschigen Mädchen Bunny, das sich in Sailor Moon verwandelte, um zusammen mit der Mond-Prinzessin und ihren Freunden, den Sailor-Kriegern, die Welt vor dem Bösen zu beschützen. In dem japanischen Anime durfte natürlich nie die Liebesgeschichte fehlen, das machte die Sache besonders für die weiblichen Sailor-Moon-Fans so interessant. Bald konnten wir landauf, landab Japanisch für Anfängerkurse belegen und in der Volkshochschule wurden Malkurse für Manga-Zeichnen angeboten. Auch die Computerspiele schwammen nun auf der Japan-Welle, Serien wie City Hunter, Dragonball und Prinzessin Mononoke wurden immer beliebter. Für harte Action-Fans wurde die Iron Fist Battle Royal zur Pflicht. Bald waren japanische Comics oder Mangas das am schnellsten wachsende Segment im deutschen Buchhandel.

Animania – Videos, Mangas und mehr überschwemmten die Kinderzimmer.

Weihnachtsfreude und Rutsch ins neue Jahrtausend

Frohe Weihnachten!

Zu Weihnachten lagen diesmal nicht nur die neuesten Mangas unterm festlich geschmückten Tannenbaum. Kaum eine Weihnachtsfeier wollte in diesem Jahr auf die Öh La Palöma Boys und ihr im ursächsischen Dialekt gesungenes Weihnachtslied „Ö Tannenbaum" verzichten. In Wahrheit kam das Amateur-Sänger-Duo gar nicht aus dem Bundesland Sachsen, sondern war im Westen zuhause. Die Vorgeschichte war recht abenteuerlich: Der Taxifahrer und Bademeister Claus Holtfoth aus Hannover und der Architekt Ulli Ahlers aus Freiburg nahmen aus Scherz ein Video auf, in dem sie einer fiktiven Tante Jutta, hinter der sich eine gemeinsame Bekannte aus Sachsen verbarg, mit dem Lied „Paloma Blanca" in sächsischer Mundart zum Geburtstag gratulierten. Auf das Video wurde Stefan Raab aufmerksam, der es als vermeintliche Realsatire in seiner Sendung TV total vorstellte. Daraufhin wurde das Duo unter dem Namen Ö La Palöma Boys vermarktet. Erst kurz vor Beginn der Studioaufnahmen gab Claus Holtfoth zu, in Wahrheit kein Sachse zu sein. Die CD „Ö La Palöma Blanca" wurde mehr als 500 000-mal verkauft, erreichte in Deutschland Platinstatus. Zu Weihnachten 1999 folgte „Ö Tannenbaum", mit dem die Ö La Palöma Boys an den Erfolg ihres Debüts anknüpfen wollten. Bei so viel Sachsen-Euphorie wollte auch die aus Leipzig stammende Rock-Legende Klaus Renft Combo nicht nachstehen und ging mit neuem Programm auf Jubiläumstournee. Die Sachsen wünschten prohylaktisch schon einmal einen unfallfreien Rutsch ins neue Jahrtausend. Der Rutsch ins neue Jahrtausend wurde natürlich auch von uns kräftig mitgefeiert.

Abschied vom alten Jahrtausend

Den Jahreswechsel hatten wir bereits seit Jahren gern und ausgiebig gefeiert. Aber diesmal war alles ganz anders und noch viel feierlicher: Das alte Jahrtausend sollte verabschiedet werden. Da mussten wir uns für die Silvesterfeier schon etwas Besonderes einfallen lassen. Wann hatte man schon einmal das Glück, von einem Jahrtausend in das nächste hinüberzuwechseln? Bereits die Vorfreude auf dieses großartige, quasi historische Ereignis bereitete uns einen Riesenspaß. So wurden die „Millennium-

Zum Millennium wurde einiges aufgefahren.

Feiern" am Silvestertag des Jahres 1999 nicht nur in den großen Metropolen, sondern auf jedem Dorf zum Ereignis. Das geflügelte Wort vom „Millennium" ging bereits Monate vor dem großen Ereignis von Mund zu Mund. Es ging schließlich in die Umgangssprache ein, wurde als Wort des Jahres 1999 ausgezeichnet. Bei der allgemeinen Aufregung entging den meisten, dass nach dem gültigen Gregorianischen Kalender der Millenniumswechsel eigentlich erst in der Silvesternacht vom 31. Dezember 2000 auf den 1. Januar 2001 stattfinden würde. Aber darauf wollte am Silvesterabend 1999 niemand mehr warten.

Endlich Frühling!

Graffiti – Kunst oder Schmiererei?

Noch ein Gesprächsthema bewegte unsere Gemüter: Graffiti. Sogenannte „Aerosol-Junkies" gab es mittlerweile an fast jeder Schule. In vielen Orten und Städten gehörten Graffiti zum Alltag. Für die einen war es Kunst, für andere nur bloße Schmiererei. Aufpassen mussten die jungen Künstler vor dem Ordnungsamt und der Polizei. Viele Hauseigentümer ärgerten sich über die Beschmutzung ihrer eigenen Wände. Wenn es der Polizei gelang, den Täter zu ermitteln, musste dieser für die Kosten der Reinigung aufkommen. Das konnte teuer werden. „Viele Sprayer sind nachtaktiv und deswegen schwer zu fassen", klagte ein Polizeireport jener Tage.

Graffiti-Kunst an der Haltestelle.

Unser Weg ins Leben

2001-2005

Das 15. bis 18. Lebensjahr

Osterfest und alte Bräuche

Das diesjährige Osterfest stand für viele von uns bereits ganz im Zeichen der Jugendweihe. Obwohl mittlerweile fast überall Computer und Farbdrucker zum familiären Alltag gehörten, fertigten wir noch immer gern selbstgebastelte Osterkarten oder färbten die Ostereier von Hand. Gerne gingen wir mit unseren jüngeren

Unsere Eltern freuten sich über selbstgemalte Osterkarten.

Wer findet die meisten Ostereier?

Geschwistern hinaus ins Grüne, um gemeinsam mit ihnen die begehrten Osternester zu suchen. Althergebrachte Osterbräuche gibt es in ganz Deutschland viele, auch sehr unter-

Chronik

20. Januar 2001
George W. Bush wird zum neuen Präsidenten der USA vereidigt.

11. September 2001
Bei den Terroranschlägen auf das World Trade Center in New York und auf das Pentagon kommen über 3000 Menschen ums Leben.

29. Januar 2002
US-Präsident George W. Bush bezeichnet in seiner Rede zur Lage der Nation die Länder Nordkorea, Irak und Iran als „Achse des Bösen".

11. August 2002
Die Jahrhundertflut erreicht die sächsische Landeshauptstadt Dresden. Die Elbe und ihre Nebenflüsse verwandeln sich in reißende Ströme.

1. Februar 2003
Die Raumfähre Columbia zerbricht und verglüht kurz vor ihrer Landung auf Cape Canaveral. Alle sieben Besatzungsmitglieder, fünf Männer und zwei Frauen, kommen ums Leben.

24. März 2003
US-Präsident George W. Bush kündigt dem amerikanischen Volk in einer nur vier Minuten langen Rede den Beginn des Krieges gegen den Irak an.

13. September 2003
Saddam Hussein wird in Tikrit festgenommen.

1. Mai 2004
Die EU-Osterweiterung tritt in Kraft, zehn neue Mitglieder werden aufgenommen: Estland, Lettland, Litauen, Malta, Polen, Slowakei, Slowenien, Tschechische Republik, Ungarn, Republik Zypern.

16. August 2004
In Deutschland demonstrieren über 85 000 Menschen gegen die Hartz-IV-Gesetze.

26. Januar 2005
Das Bundesverfassungsgericht kippt das bundesweite Verbot von Studiengebühren in Deutschland.

22. November 2005
Angela Merkel (CDU) wird vom Bundestag zur ersten Bundeskanzlerin in der Geschichte Deutschlands gewählt.

schiedliche. Nach der Wende kehrten viele fast vergessene Osterbräuche in ostdeutsche Städte und Gemeinden zurück. So wurde im Spreewald das sorbisch-wendische Osterreiten wieder eingeführt. Gläubige Christen gingen in die Kirche, um die österliche Botschaft von der Auferstehung Jesu Christi zu hören. Osterei und Oster-Festschmaus gehörten aber vom Ostseestrand bis ins Erzgebirge zum Pflichtprogramm eines jeden Osterfestes.

Wir feiern Jugendweihe

Kaum waren die Osterfeiertage vergangen, mussten wir uns intensiv um die Vorbereitung eines der wichtigsten Ereignisse unseres bisherigen Lebens vorbereiten. Wir wussten – nun würden uns bald auch die Lehrer mit „Sie" anreden. Doch ehe es so weit war und wir voller Stolz auf das bisher Erreichte zum Fest der Jugendweihe schreiten konnten, hieß es erst einmal, die Klamottenfrage zu klären. Schließlich wollten wir ja nicht wie die Greise auftreten. Andererseits waren Jeans und T-Shirt wohl eher nicht geeignet. So wurden gemeinsam mit den Eltern endlose Seiten Versandhauskataloge gewälzt. Besuche bei diversen Bekleidungsausstattern waren unumgänglich. Am Ende wurden die stressigen Bekleidungsfragen Dank H&M, C&A und anderer Bekleidungsanbieter zur Zufriedenheit aller gelöst. Die Jugendweihe fand im großen, festlich geschmückten Saal statt. Das Fest war ein willkommener Anlass, eine große Familienfeier auszurichten. Großeltern, Tanten, Onkel, Cousins und Cousinen, Freunde und Nachbarn wurden eingeladen. Und so regnete es buchstäblich Geschenke, wobei

Ein Prosit auf die Jugendweihe!

Bargeld von uns am liebsten gesehen wurde. Unsere Eltern hatte ihre Jugendweihe in der DDR anders gefeiert: Nach offiziellen Reden und dem Gelöbnis, in dem die Jugendlichen darauf eingeschworen wurden, „als treue Söhne und Töchter des Arbeiter-und-Bauern-Staates für ein glückliches Leben des gesamten deutschen Volkes zu arbeiten und zu kämpfen" und ihre „ganze Kraft für die große und edle Sache des Sozialismus einzusetzen", gab es für jeden neben der obligatorischen Jugendweihe-Urkunde das Buch „Der Sozialismus – Deine Welt". Die schwere 500-Seiten-Schwarte enthielt vor allem Staatspropaganda und wurde von den Beschenkten selten durchgeblättert und noch seltener gelesen. Das Buch, welches wir geschenkt bekamen, war ganz anders. Neben Wissenswertem aus Geschichte und Gegenwart des Bundeslandes, in dem wir lebten, hielt es auf Seite eins eine gänzlich andere Verpflichtung für uns bereit: „Wir sind nicht geboren worden, um gegeneinander zu leben, sondern um uns auf dieser Erde brüderlich die Hände zu reichen."

Nach der offiziellen Feier ging die Party dann erst richtig los: Wir feierten gemeinsam im Freundeskreis, tanzten bis in den Abend zu den Hits von Britney Spears, N'Sync und Nirvana.

Die Jugendweihe

Die Jugendweihe ist keine Erfindung der DDR. Die Idee entstand bereits im 19. Jahrhundert als Ersatz für kirchliche Feiern. In der Sowjetischen Besatzungszone wurde der Brauch ab 1946 wieder neu belebt. Im Jahr 1954 beschloss die SED die grundsätzliche, flächendeckende Einführung der Jugendweihe in der DDR. Den Kirchen sollte zukünftig die Möglichkeit genommen werden, Jugendliche durch Konfirmation oder Kommunion an sich zu binden. Da die Jugendweihe mehr und mehr mit dem schulischen Leben verknüpft war, wollten sich die meisten Jugendlichen ihr nicht entziehen. Es gab aber durchaus Verweigerer, die meist aus religiösen oder politischen Motiven die Jugendweihe ablehnten. Bereits in den 60er Jahren hatte sich die Jugendweihe in der DDR mit 90% Teilnahme als Familienfest etabliert. Auch die Wende änderte daran wenig: Im Jahr 2001 nahmen über 94 000 Jugendliche, überwiegend im Osten Deutschlands, an der Jugendweihe teil. Auch Konfirmation und Kommunionsfeier hatten mittlerweile in den neuen Bundesländern wieder an Bedeutung gewonnen.

Schul-Belegarbeit: Wenn Hunger(n) süchtig macht ...

Party mit allem, was dazugehört.

Je später der Abend ...

Willkommen in der Pubertät!

Mittlerweile waren wir mitten in unserer Pubertät gelandet. Wie alle Jugendlichen vor uns liebten wir es, neue Wörter und Wendungen zu kreieren. Wir waren so fleißig dabei, dass die Jugendsprache wieder einmal starken Veränderungen unterworfen wurde. Unsere Eltern verstanden oft nur noch Bahnhof, wenn wir im Freundeskreis zusammensaßen und mit flotten Sprüchen um uns warfen. Die Jugend-Zeitschrift BRAVO verstand es, mit der Sprache der Jugend mitzugehen. Besonders gern lasen wir in der BRAVO nicht nur die neusten Berichte über die No Angels und andere angesagte Bands und Popstars, sondern auch die wöchentlich erscheinenden Dr.-Sommer-Geschichten. Viele von uns verdanken diesen Artikeln einen Teil ihrer sexuellen Aufklärung. Das Dr.-Sommer-Team ersparte viele peinliche Gespräche mit Eltern und Erziehern. Peinlich war mitunter auch, was unser Körper jetzt so alles mit uns veranstaltete. Mal passte die Größe unserer Füße, mal die der Hände nicht zum restlichen Körper. Wo kriegten andere nur ihre Traummaße her? Aßen wir vielleicht zu viel oder zu wenig? Oder ganz und gar das Falsche? In der Schule behandelten wir jetzt das Thema Bulimie. Wir lernten, dass auch schon die alten Griechen die Fresssucht hatten. Es war augenscheinlich ein langer Weg bis zur gesunden Ernährung. Wir lernten: Fett ist nicht gleich Fett! Der Umweg über McDonald's war in der Evolutionsplanung nicht vorgesehen. Trotzdem ließen wir uns die

Laune auf der nächsten Grilparty nicht vermiesen. Kräftige Tanzbewegungen auf dem Dancefloor waren mit Sicherheit ein geeignetes Mittel gegen jederlei Verfettung.

Der 11. September 2001

Das Jahr 2001 sollte die Welt als ganz besonderes Jahr im Gedächtnis behalten. Die furchtbaren Terroranschläge vom 11. September 2001 waren schockierend und folgenreich. Die Fernsehbilder von den brennenden Twin Towers in New York prägen bis heute die Erinnerung an diesen Schicksalstag. Die durch die Terrororganisation Al-Qaida ausgeführten Attentate mit mehreren Verkehrsflugzeugen, die beide Türme des World Trade Centers in New York und Gebäude des Pentagon in Virginia zerstörten, überschatteten alle anderen Ereignisse des Jahres. Über 3000 Menschen verloren ihr Leben bei diesem sinnlosen Gewaltakt, der schon bald neue Kriege und viele weitere Opfer nach sich ziehen sollte.

PISA und die Schule des Rock

Die PISA-Studie hatte unsere Schulen zum bildungspolitischen Entwicklungsland abgestempelt und unsere experimentierfreudigen Bildungspolitiker kräftig abgewatscht. An unserem tristen Schulalltag änderte das trotzdem so gut wie nichts. Wir schwärmten derweilen für einen Lehrer, der in Wirklichkeit gar keiner war. Um den Kindern den Rock 'n' Roll näher zu bringen, machte der Aushilfslehrer Dewey im Kino-Film „School Of Rock" einen Ausflug in die Geschichte der Rockmusik. An einem mit Kreide auf die Schultafel gezeichneten Stammbaum erklärte er epochale Bands wie die Ramones, Black Sabbath und Led Zeppelin sowie fein verästelte Genres des Rock 'n' Roll. Als Hausaufgabe gab der unkonventionelle Lehrer den Schülern uralte, aber stilprägende Rock-CDs mit nach Hause. So konnten sie die Feinheiten ihrer Instrumente besser verstehen lernen. Ganz nebenbei wurden die Kids im rebellischen Denken unterwiesen. Viele von uns liebten den Spielfilm „School Of Rock" dafür. Gern hätten wir in unserer Schule auch so einen unkonventionellen Lehrer wie Jack Black erlebt. Einen, der mit Witz, Frechheit und Intelligenz neuen Schwung in den langweiligen Schüleralltag brachte. Der weltweite Erfolg eines deutschen Spielfilms sorgte bald für eine kräftige Wiederbelebung der DDR-Nostalgie-Welle. Dabei ging es in dem Spielfilm „Goodbye Lenin" gar nicht vordergründig um Nostalgie.

Let's rock!

Die Rückkehr der DDR-Marken

Mit dem überraschenden Überflug von „Goodbye Lenin", der den Lichtspielhäusern in Ost und West volle Kassen bescherte, kamen bald

Eine bekannte DDR-Marke kehrte zurück: Melodie & Rhythmus.

Bambina-Schokolade und Leckermäulchen waren wieder da!

eine ganze Reihe von Ostalgie-Shows ins deutsche Fernsehen. In ihrem medialen Sog wurden viele alte DDR-Marken wiederbelebt: Halberstädter Würstchen, Leckermäulchen, Halloren-Kugeln, Bambina-Schokolade und Schlager-Süßtafeln waren plötzlich aus ostdeutschen Supermärkten nicht mehr wegzudenken. Auch die in der Wendezeit verschwundene Musikzeitschrift Melodie & Rhythmus war wieder an die Kioske zurückgekehrt. Hier konnte man nicht nur etwas über die alten unvergessenen Ossi-Stars wie Lippi und Bummi lesen, sondern erfuhr so einiges über die neue Superstarwelle, die dank Dieter Bohlen und anderer durch die Kanäle der Fernsehanstalten schwappte. Aber noch wichtiger war für uns 87er, die wir die alte DDR ja eigentlich kaum kannten, eine Veranstaltung, die im Jahr 1989 mit nur 150 Teilnehmern in Berlin ihren Anfang genommen hatte: Die Love-Parade.

Wir fahren zur Love-Parade

Zu keiner Zeit herrschte musikalisch eine solche buntschillernde Vielfalt wie in unserer Jugendzeit. Alternative Rock und Pop, Hip Hop und Rap, Euro-Disco, Technosounds und viele andere Genres buhlten parallel um unsere Aufmerksamkeit. Da hatten wir oft die Qual der Wahl. Ob wir unser Taschengeld lieber für ein Ticket für Rock am Ring oder besser für eine Berlin-Fahrkarte zur Love-Parade ausgeben sollten? Für viele stand die

Auf geht's zur Love-Parade.

Der ideale Schuh für die Love-Parade: Buffalo Tower Boots.

Love-Parade neben Rock am Ring ganz vorn auf ihrer Wunschliste. Die ausgelassene Stimmung der Millionen Gäste rund um die Berliner Siegessäule war schwer zu toppen. Zur Kleidungs-Grundausstattung auf der Love-Parade gehörten neben Nylon-Shirts, Neopren-Jacken und Schlaghosen auch die unübersehbaren Buffalo Boots. Bereits die Spice Girls hatten für Aufsehen gesorgt, als sie Buffalos mit zehn Zentimeter hohen Sohlen zur Schau trugen. Mit diesen Schuhen konnte einem im Gedränge niemand auf die Füße treten! Bald gab es Nachahmer der Love-Parade. Die cleverste Idee hatte der DGB in Schwerin. Mit der Job Parade im Techno-Takt rund um den Schweriner See demonstrierten bald Zehntausende friedlich vereint für Ausbildungsplätze und bessere Bildungschancen. Das Nachdenken um unsere berufliche Zukunft war jetzt immer öfter ein Gesprächsthema.

Auf in die Ferien ...

Generation Praktikum sucht Zukunft

Das geflügelte Wort von der „Generation Praktikum" machte jetzt immer öfter die Runde. An und für sich waren Praktika ja nichts Verkehrtes. Früher hießen sie oft Schnupperpraktika, weil es darum ging, einmal hineinzuriechen in ein Büro oder einen Betrieb, um herauszufinden, ob dieser oder jener Beruf zu einem passte oder nicht. Mittlerweile sah die Sache aber anders aus. Je mehr arbeitslose junge Akademiker sich auf dem Arbeitsmarkt tummelten, desto lieber stellten die Unternehmen jetzt Praktikanten ein, die für wenig oder gar kein Geld professionelle Arbeiten übernahmen. Vom Dauerpraktikum bis Hartz IV war es da nur ein kleiner Schritt. Wir fragten uns nun manchmal: Lohnte sich das ganze Lernen überhaupt noch? Wird unsere Generation überhaupt gebraucht? In der

Wir versüßen uns die Zukunft.

Mit vereinten Kräften.

Schule suchten wir oft vergebens nach entsprechenden Antworten auf unsere Fragen. Auf unseren Sommerreisen durch Europa lernten wir, dass es überall mannigfaltige soziale und politische Probleme gab. Aber nirgendwo war man so schlecht gelaunt wie zu Hause. Ob unsere Generation das ändern würde, wenn wir endlich an den Schalthebeln saßen? Wir feierten unseren 18. Geburtstag, waren endlich volljährig. Die Vorbereitungen auf die Abschlussprüfungen und der Erwerb der Fahrerlaubnis kosteten viel Kraft. Trotzdem blieb auch Zeit für die Liebe. Viele von uns waren frisch gebunden oder hatten bereits einen festen Partner. Gemeinsam blickten wir mit Optimismus in die Zukunft.

Blick zurück nach vorn

Wie viele DDR-Bürger ihr Leben verloren, als sie die Grenze zwischen Ost und West zu überwinden versuchten, ist bis heute umstritten. 270 Mauertote aus 38 Jahren hat die Berliner Staatsanwaltschaft in den Akten gezählt, die Arbeitsgemeinschaft 13. August kommt dagegen auf über 1200 Todesopfer. Geschossen wurde auf flüchtende DDR-Bürger nicht nur im geteilten Berlin und an der innerdeutschen Grenze, sondern auch an den Westgrenzen der sozialistischen Bruderländer. Als die Grenzen durch den friedlichen Widerstand mutiger Bürger zusammenfielen, waren wir noch klein, verstanden nichts von den politischen und sozialen Zusammenhängen und Folgen. Trotzdem lebt eine diffuse Erinnerung an das, was war, in unseren Köpfen fort. Um die Zukunft zu gestalten, bedarf es nicht nur des Gedenkens. Wir sollten auch die alten und neuen Halbwahrheiten und Legenden aus dem Weg räumen. Nur so kann zusammenwachsen, was zusammengehört. Auch die Grenzpfähle in der EU sind seit langem verschwunden. Nehmen wir dies als Chance für unsere Selbstverwirklichung im vereinten, friedlichen Europa.

Für alle ab 18

Unsere Jahrgangsbände gibt es für alle Jahrgänge ab 1921 bis zum aktuellen 18. Geburtstag, auch als DDR-Ausgabe.

Hol dir das Gefühl zurück!

Verschenken Sie eine multimediale Zeitreise in die Kindheit und Jugend!

Alle verfügbaren Bände finden Sie unter

www.wartberg-verlag.de

Wartberg-Verlag GmbH
Im Wiesental 1
34281 Gudensberg-Gleichen
Telefon: (0 56 03) 93 05 - 0
Telefax: (0 56 03) 93 05 - 28
E-Mail: info@wartberg-verlag.de
www.wartberg-verlag.de